JN233783

家政学原論

生活総合科学へのアプローチ

富田　守
松岡明子
編集

川上雅子
中川　眸
上原康代
荒井紀子
紀　嘉子
佐藤文子
表　真美
澤井セイ子
中森千佳子
著

朝倉書店

執　筆　者

富田　　守	お茶の水女子大学名誉教授
松岡　明子	共立女子短期大学教授
川上　雅子	共立女子大学助教授
中川　　眸	放送大学富山学習センター所長 富山大学名誉教授
上原　康代	加賀市立片山津中学校講師
荒井　紀子	福井大学教授
紀　　嘉子	同志社女子大学特任教授
佐藤　文子	千葉大学教授
表　　真美	京都女子大学助教授
澤井セイ子	秋田大学教授
中森千佳子	金城学院大学教授

執筆順

まえがき

　本書は，家政学という生活についての総合科学である学問について，その学問理論や学史，他の国の家政学の状況，および家政学と人間生活，社会とのかかわりについて明らかにしたものである．1990年に刊行され好評を博した『家政学原論』（日本家政学会編）をもとにしてはあるが，斬新なアイデアをもつ多くの若手研究者に執筆に加わってもらい，また，副題に「生活総合科学へのアプローチ」と付けたように，新しい生活総合科学の基礎論として世に問うものである．

　日本の家政学は，アメリカ家政学の影響を強く受けながら発展している．アメリカ家政学の源流を考えるとき，その定義ができたのは1902年（第4回レイク・プラシッド会議）であり，西暦2001年，新世紀という節目で考えるならば1世紀前のことである．しかし，これよりはるか以前，紀元前368年頃にはクセノポンが家政という言葉を用いており，『クセノポンの家政論』の中でその意味するところは明らかにされている．

　日本においては，高等教育に学問として家政学が導入されて50年を経過しているが，最近はこの家政学の名称を廃し，学部，学科名称に生活科学を冠したものが出現している．今回の執筆にあたり，古い資料，文献を検証し直していた折，日本生活科学会が昭和16（1941）年12月に創立されていたことを知った．こうした日本生活科学会存在の事実は貴重な発見であるため，山森芳郎氏の承諾を得て本文にも紹介してある．

　本書を学ぶことにより，家政学が学問のひとつとして存在すること，そしてまた，家政学が豊かな可能性と限りない魅力をもっていることを実感してほしい．

　最後に，出版にあたり助言をいただいた朝倉書店編集部の方々に深謝いたします．

　2001年8月

富田　守
松岡明子

目　次

1. 家政学とはどういう学問か ……………………………(富田　守)… 1

    1.1 学問とは，研究とは …………………………………………… 1
        a. 学問の構造 ………………………………………………… 1
        b. 研究活動の本質 …………………………………………… 8
        c. 学問の確立とは …………………………………………… 12
    1.2 家政学の確立 …………………………………………………… 14
        a. 家政学の理論的整備 ……………………………………… 14
        b. 家政学の制度・組織面の整備 …………………………… 26
        c. 家政学の確立 ……………………………………………… 28
    1.3 家政学の問題点 ………………………………………………… 29
        a. 領域の片寄り ……………………………………………… 29
        b. 家庭・家政研究の不振，不人気 ………………………… 30
        c. 家政学の活性化へ向けて ………………………………… 31

2. 日本の家政学のあゆみ …………………………………(松岡明子)… 33

    2.1 家政学の史的区分 ……………………………………………… 33
    2.2 「学制」以前の家政学 ………………………………………… 35
    2.3 明治時代の家政学 ……………………………………………… 37
        a. 「学制」直後の女子教育 ………………………………… 37
        b. 教科書内容にみられる家政教育 ………………………… 40
        c. 家政教育に影響を与えた翻訳家政書 …………………… 43
    2.4 大正・昭和初期の家政学・家政教育 ………………………… 47
        a. 家政学研究分化のきざし ………………………………… 47

  b．家政学教育の流れ …………………………………………… 49
2.5　戦時体制下における家政学・家政教育 ………………………… 52
2.6　戦後の家政学・家政教育 …………………………………………… 56
  a．新制女子大学と家政学教育 ………………………………… 56
  b．短期大学制度の発展と家政教育 ………………………… 58
  c．高等教育における家政学原論 ……………………………… 60

3．総合科学，実践科学としての家政学 ………………(川上雅子)… 64

 3.1　家政学原論の意義 ………………………………………………… 64
  a．家政学原論とはどのような研究領域か …………………… 64
  b．家政学原論はなぜ家政学に必要か ………………………… 66
 3.2　家政学原論の動向 ………………………………………………… 71
  a．家政学の成立と家政学原論 ………………………………… 71
  b．家政学原論のあゆみ ………………………………………… 73

4．世界の家政学 ………………………………………………………… 83

 4.1　ドイツの家政学 ……………………………(中川　睦・上原康代)… 83
  a．ドイツにおける家政学・家政教育の歴史的背景と教育制度 …… 83
  b．大学における家政学，エコトロフォロギーの誕生 ………… 85
  c．中等教育段階における家政教育の男女共学化 …………… 87
  d．実科学校における教科名の変更 …………………………… 89
 4.2　北欧の家政学と家政教育 …………………………(荒井紀子)… 90
  a．北欧各国の家政学・家政教育の成立と発展過程 ………… 90
  b．北欧の義務教育段階における家庭科教育 ………………… 93
  c．北欧の家政学・家政教育の新たな動向と課題 …………… 95
 4.3　アメリカの家政学──その成立と転換を担う本質理念の継続性──
    …………………………………………………(紀　嘉子)… 97
  a．ホーム・エコノミックスの源流 …………………………… 97

  b．レイク・プラシッド会議から世界へ発信 ………………………… 102
  c．ホーム・エコノミックスの転換を担う本質理念の継続性………… 104
  d．人間性の見直しと復権を求めて ………………………………… 105
 4.4 **アジアの家政学** ………………………………………（佐藤文子）… 106
  a．アジアの家政学の動向 …………………………………………… 106
  b．シンガポールにおける家庭科教育 ……………………………… 107
  c．タイの家庭科教育 ………………………………………………… 109

5．家庭・家政を考える ………………………………………（表　真美）… 113

 5.1 **「家庭」について考える** …………………………………………… 113
  a．「家庭」とは ……………………………………………………… 113
  b．家庭の機能 ………………………………………………………… 114
  c．家庭生活の構造と生活システム………………………………… 116
 5.2 **戦後の家庭生活の変化** …………………………………………… 117
  a．生活様式の変化 …………………………………………………… 117
  b．ライフサイクルの変化 …………………………………………… 120
  c．現代の家庭生活と今後の展望 …………………………………… 122
 5.3 **「家政」を考える**…………………………………………………… 126
  a．家政学の研究対象の変遷 ………………………………………… 127
  b．家 政 と は ……………………………………………………… 128
 5.4 **家政学における「生活」** ………………………………………… 130
  a．生 活 と は ……………………………………………………… 130
  b．「生活」の位相的発達段階説 …………………………………… 131
  c．「生活」にかかわる家政学のキー概念 ………………………… 132

6．社会と家政学 …………………………………………………………… 136

 6.1 **国際的視野から** ……………………………………（澤井セイ子）… 136
  a．家政学の国際化の歴史 …………………………………………… 137

b．国際学会における活動 ………………………………… 140
　　c．今後の課題………………………………………………… 145
6.2 **日本学術会議での活動** ………………………(澤井セイ子)… 146
　　a．日本学術会議の活動 ……………………………………… 146
　　b．家政学研究連絡委員会の活動 …………………………… 147
　　c．今後の課題………………………………………………… 148
6.3 **家政学と消費者教育** ……………………………(中森千佳子)… 148
　　a．家政学における消費者教育の位置づけ ………………… 148
　　b．社会の変化と消費者教育 ………………………………… 160
　　c．家政学におけるこれからの消費者教育の課題………… 169

索　　引………………………………………………………………… 177

1. 家政学とはどういう学問か

　学問にはその学問の理論的整備が必要である．また，その学問が社会の文化の一部として存在するためには，その社会から制度・組織の面でも学問として容認されなければならない．学問は社会から認められることにより存在しうるが，それには学問理論の整備と社会的制度・組織面の整備がなされていなければならない．これが筆者がまず強調したい点である．

　本章では，まず学問とは何か，研究とは何か，について基礎的事項を概説し，学問の確立に必要な理論的側面を明らかにするとともに，学問の存続に不可欠な社会的側面の整備について論じる．次に家政学について検討し，家政学が学問理論および社会的制度・組織の面においてかなりの程度充足している状況を示す．ゆえに家政学は学問のひとつであり，しかもかなりの程度で確立していると考えることができる．同時に家政学がどういう学問なのかが明らかになるであろう．

　また，むろんどんな学問にもあてはまると思うが，家政学にも問題点はある．それも明らかにし，家政学の今後の改善と発展の方向を示したい．

1.1　学問とは，研究とは

a．学問の構造
1）　知識の統合体

　人類は長い生活の歴史の中で多くの知識を獲得してきた．積極的に探究して得た新しい知識も多い．それらの知識を分類，整理，統合してできあがったものが多くの学問である．

　身体が多くの細胞からできているように，学問をつくりあげているのは多くの知識である．また，身体では細胞が集まって組織になり，各種の組織がまとまっ

て器官になり，さらに器官が集まって器官系，そして個体にまで順次統合されまとめあげられているように，知識群についてもそれらが階層的に組織化され整理統合されて，それぞれの学問を形づくるのである．

2) 知識の性質

学問を構成する知識の性質に，客観性（誰もが各人の主観を越えて納得できる事実を示すこと），実証性（観察，調査，実験をもとにして，実地や事実によって証明すること），再現性（同じやり方をすると，いつも同じ結果が得られること），法則性（現象と現象，または条件と現象との間に，はっきりとした決まった関係があることを知ること），普遍妥当性（条件が同じならば他のことについても成り立つこと）などの特質があるとき，それを科学的知識といい，科学的知識で構成された学問を科学という．科学的知識は優れた性質を有するため，それらが体系化された学問である科学への志向性は強く，多くの学問が科学化し，学問＝科学とまで考えられることが多いが，まだ科学に徹しきれていない学問もあるし，また，哲学のように科学でない学問もある．仮にまったく科学的でない，非科学的知識で構成されていても，知識が十分整理統合されていればそれも学問である．しかし，われわれは科学性のある知識で構成された学問，すなわち科学をより優れた学問として追究している．人間のかかわる環境には自然，社会，精神の3種類があり，それぞれの環境と人間とのかかわりに関する科学的な知識統合体は大きく3群となり，それぞれを自然科学，社会科学，人文科学と呼ぶ．

観察，調査，実験などによって得た生のデータ，すなわちわれわれの五感を通して得た知識を一次的知識（primary knowledge）といい，それを人間の手や頭脳の働きで二次的に処理，加工して初めて得られた知識のことを二次的知識（secondary knowledge）という．火は明るい，熱いなどの知識や，器具，装置のメーターの数値，アンケート調査の答などは一次的知識である．いろいろな温度におけるある液体の容積の測定値（一次的知識）をグラフ上にプロットすると（ここまでは一次的知識），ほぼ直線状に並んだとする（測定値の点の並び方の直線性は，われわれがそのように思うのであり，ここから二次的知識が発生する）．温度と容積との間に直線関係があり，$Y=aX+b$ という方程式で示される．このような知識は法則性ともいわれるが，これが二次的知識である（直線関係およびそれを表す数式）．知識の構造体において一次的知識を下部構造と考えると，

1.1 学問とは,研究とは

```
                        K
                       / \
                      /   \
二次的知識              K     K
(secondary knowledge)/|\   /|\
一次的知識           K K K K K K K K
(primary knowledge)
```

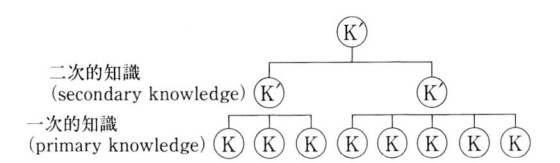

図1.1 一次的知識と二次的知識

二次的知識はそれを土台にして形成された上部構造と考えられる(図1.1).

　液体の温度と容積の関係が一次式で示されるということは,一次的知識から二次的知識が導かれる過程に人間の思考が関与していることを意味している.測定値をプロットしたグラフは実際には完全な直線状ではないことが多く,本当は直線になるのに実験誤差によって直線からずれるのかもしれない.将来,方法の発達により一次的知識(測定値)は本当に直線状になるかもしれない.逆に,将来研究が進んだときグラフは実は曲線状や階段状であることが明らかになるかもしれない.現在の測定値はそれを反映したものであり,測定誤差のせいではないのかもしれない.しかし現在の段階では,われわれはまず最初に,いちばん簡単であり扱いやすいものとして直線を引くこと,すなわち一次式で表すことを行うのである.一次式はまた,いろいろ便利な点もあるからである.そしてわれわれは,将来研究が進んで直線の式ではあまりにも不正確であると判断されるようになったとき,よりフィットする数式にかえればよいと考えているのである.別の興味深い例として,地球が丸いということは観察や測定,航海などから推論された知識であり,これは二次的知識の性質をもつものであった.しかし近年,人類は宇宙から地球の姿を実際に見た.このとき,地球が丸いという知識は一次的知識になったといえよう.

　現実的目的や生活上の問題解決のために必要な,行い方についての知識を技術知識(実践的知識)という.実践・応用を目的とした学問においては技術知識が必要であるが,勘,こつなどの技術知識とは異なり,みなが広く使える技術知識であるためには技術知識にも科学性が必要である(かかる技術知識は正確にいうと科学的技術知識である).科学的性質をもった簡単な経験的技術知識もあるけれども(例えば,てこの原理を使った行動),少し複雑な技術知識になると経験的技術行動では結果は一定せず科学性に欠けたものであることが多い.そこで技

術知識の科学性を高めるためには技術知識の成因，根源を科学的に調べねばならない．吸水性の高い素材をつくりたい，どうすればおいしいそばつゆができるか，などは技術知識であるが，その根本が科学的に解明されたとき，または科学知識を土台にして技術知識を獲得するとき，技術知識にも科学性があることになり，その後の発展性も生じる．例えばおいしい味を得るためには，溶液中の成分の量と温度や時間との関係を知るという科学的研究をしなければならない．このように，ふつう現実的目的の解決方法（技術知識）を得たいと思うとき，それに必要な科学知識はまだ不十分であることが多く，結局，新しい科学知識を得るための基礎研究を自らしなければならなくなることが多い．したがって実践・応用の学問（実践・応用科学）は，行い方についての科学的技術知識を得る研究だけではなく，その基礎になる純粋科学的研究をも多く含むことになる．

3） 知識の整理統合

密接に関連した知識群はひとつの専門領域を形成する．さらに，関連した専門領域がまとまってより大きな領域を形成する．逆に，はじめはいろいろな知識が集まって大きな領域を形成していたが，研究が進むうちに内部の知識群が増えて，いくつかの小群に分かれて再統合され，いくつかの専門領域を形成することもある．こうして学問には様々な大きさの領域が階層構造をなして形成されるようになる．これを入れ子（籠）構造という．

知識群をまとめている結合力は数式，法則，原理であったり，単に関係があるという程度やいろいろな側面であるといったようなものであったりするが，前者の場合には結合力はかなり強くまとまりのよい学問や領域といえるのに対して，後者の場合には結合力やまとまりは弱い（図1.2）．どれにも○○学の名称がついているが，大きな学問であったり内部領域の学問であったりして，学問どうしを比較するときには入れ子（籠）構造におけるレベルの違い，位置関係をよく認識しなければならない．学問的には同じレベルのものについて比較するべきであり，レベルの違う大きな学問と小さな学問を比較して学問性の優劣を論じるようなことをしてはならない．例えば人類学の領域構造の場合，全体としての大きな人類学のすぐ下位の分類である身体形質を扱う自然人類学と生活文化を扱う文化人類学の結合力（統合力）は弱く，さらに下位の分類であるそれぞれの内部領域になるほど知識群の結合力（統合力）は強くなっている．

1.1 学問とは，研究とは

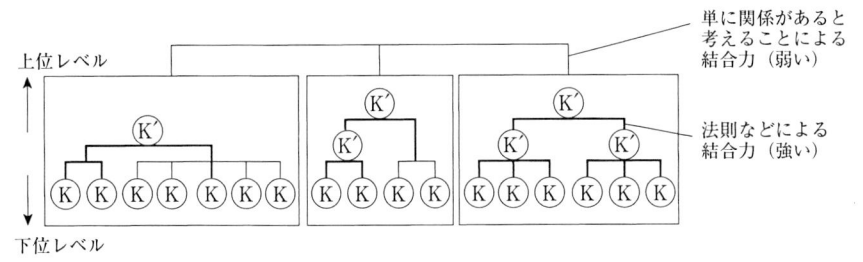

図1.2 強弱2種の結合力

　研究対象が決まっている学問を対象学といい，ある研究方法にもとづいて形成されている学問のことを方法学という．学問の対象がひとつ決まっていてしかもそれがかなり大きなものである場合には（人類学では人類，ヒト），対象の解明にはいろいろな研究方法を使うことが多く，このような学問は内部に多くの方法を含み，サイズが大きい．つまり方法が多いため知識の種類が多く，それぞれの方法で得られた知識が集積して全体の知識量が増大する．また，こういう学問は全体としての統合力が弱く，同じ方法にもとづく比較的よくまとまった知識群で形成された内部領域がいくつか集まって，全体としてはゆるい結合力で統合された学問を形成する．これが対象学である．統合力の弱さは対象学の特徴であり，それは方法が多いことに原因があると考えられるが，そのことはこの学問の宿命であり，当り前のこととして考えればよく，別に学問として劣るわけでもない．

　それに対して方法学は，ある方法により得られた知識群で構成され，学問サイズは対象学にくらべると小さいが，知識群はよくまとまっており，学問の統合性は強い傾向を有している．電子顕微鏡学では電子顕微鏡という方法を使ってミクロの構造を調べる．また，人体解剖学は人間の形態に着目する一種の方法学であり，分子生物学も研究方法に特徴がある方法学のひとつと考えられるが，やはり人類学などとくらべるとよくまとまった学問である．方法学では知識の統合力が強いほか，決まった方法を使っていろいろな対象を調べることも多く，対象は多くなる傾向がある．以上，対象に特色がある学問と方法に特色がある学問について述べた．どの学問においても目的・対象・方法は三位一体となって存在するので，このほかに目的に特色がある学問も考えうる．

　純粋に知りたいという目的で得られた科学的知識により構成された学問を純粋

科学,理学,基礎科学という.それに対して現実的,実践的な目的の達成のために,行うことや実践することの知識を得て,それらの知識により構成された学問がある.それを応用科学または実践科学という.ともに目的が明確なので目的学の二大類型と考えられる.後者の学問は科学的知識にもとづいて技術知識を得て,それによって現実的目的を達成するので,やはり科学性がある学問である.前述したように技術知識を得るにはすでにある科学知識だけでは足りないことが多く,科学的研究を自らしなければならなくなる.そこで応用・実践科学においては純粋科学的研究をも豊富に含むことになる.応用・実践科学の目的と知識構造は図1.3のようなものであろう.

アメリカの科学史家トーマス・クーン(Thomas S. Kuhn, 1962)は,ある科学領域を存続させ研究を展開させるのに働いている一種の原理のようなものをパラダイム(paradigm)という語で提示した[1].クーンによればパラダイムとは一般に認められた科学的業績で,一時期の間,専門家に対して問題の立て方や答え方の手本を与えるものであるという.パラダイムの語は,もとの意味からみて言語の面で語尾変化などの間違いがなく,例えば日本語を正しく話すこと,正しい日本語の文の模範例を意味すると考えると,クーンの意味ではある科学領域の内容を正当に理解し研究を妥当に行う基本になるもの,手本になるものということになるのであろう.パラダイムには多義性があり,クーンも後には専門母体(disciplinary matrix, 1970)の語を提案しているが,実際に研究活動をしている人達にとっては,パラダイムという語のもつ概念はたいへん実感のあるものである.ある時期の一群の研究者(科学者集団)は,あるパラダイムを共有しているために,それに沿った線で多くの研究を次々と行う.これをパズル解き(puzzle-solving)という.そしてその領域の知識を累積的に増やしていく.この状態が通常科学(normal science)である.われわれは見本例(exemplar)にもとづいて現在通用している学問(通常科学)のパラダイムを身につけ,それ

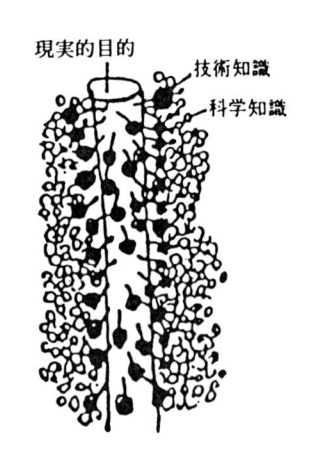

図1.3 応用・実践の科学における科学知識と技術知識の構造(富田,1993.)

に合った研究をしなければ，学会にも認められず，学位論文やさらには大学の試験，レポートにさえも合格しない．研究や勉強の成果がパラダイムに合っているかどうかは，現在の学問の水準に照らして妥当であるかないか，という形で表現される．

しかしそのうちに通常科学の中で，ときたまパラダイムに合わないデータ（変則性，anomaly）が出てくるようになると，最初は研究の誤りのせいにされたり，パラダイムを修正してうまく合うようにつじつまを合わせているが，あまりにも変則性が多くなると，それまでのパラダイムに対する疑念がしだいに生じ，その科学のパラダイムは危機（crisis）に至り，異常科学（extraordinary science）に移行する．そして，ついにある研究者が新しい理論を出す．それにみな（科学者集団）が魅力を感じ，その新しい線（見本例）に沿って研究が発展（パズル解き）していくと，かくして古いパラダイムは捨てられ，新しいパラダイムが確立するのである．これが科学革命（scientific revolution）である．そして次の新しい通常科学が成立する．例としては，コペルニクスによる天動説から地動説への変換や，ダーウィンの進化論などがあげられる．

パラダイムは，その学問を貫いている基本的な考え方，特有な物の見方でもあり，知識を生み出すよりどころ，原動力ともなっているので，学問の統合性，構造形成にも関連が深いと考えられる．科学，および科学者達の考え方の基本を構成するものとしてのパラダイムは，マリノフスキー（B. Malinowski, 1944）の文化構造論図式（後出）における憲章と規範に相当するのではないかと考えられる[2]．

4） 学問の動的構造

学問を構成する知識は量，質ともに絶えず変化している．対象を詳しく調べていくと新しい知識がたくさん得られ，研究の進展に伴ってそれまで離れた位置にあった知識が関連したりもする．一般的に，知識の量は研究者の研究活動により増大していくが，研究が活発な領域では新知識の増大により学問は急速に大きくなり，不活発な領域では学問の発達の速度は遅い．また，新しい方法の開発とか採用により，より精密で，より正確な知識が得られることも多く，その場合には古くなった知識は捨てられる．知識の置換（replacement）である．知識の量と質の変化は一次的知識から始まり，二次的知識に及ぶ．さらに入れ子（籠）構造

が変化することもある．まれにはパラダイムが変わる．

　重要な点は，知識構造の変化すなわち学問の変化は，研究者の研究活動によって生じているということである．学問は研究者の活動によって生きた存在になっているのである．研究者の研究意欲と研究活動の存在は，学問の成立，維持，発展にとって欠かせないものである．

5）　学問の独自性や目的，対象，方法，定義

　学問には他学にはない独自的な特徴があることにより，自己の存在理由を示せる．独自性は目的，対象，方法にあらわれていることも多い．これらを組み込んだ定義は学問を簡潔に表すものであり，その存在は社会的にも重要である．

b．研究活動の本質

1）　研究のコア部分

　研究活動のコア，核心的部分は，問題を解決するためにどういう研究方法を採用したか，そしてその方法を使って調べたらどのような結果が得られたか，というところにある．方法には問題解決法としての制約や限界があるので，得られた結果の中には不正確さ，誤差が混在していることが多く，研究者は絶えず方法を検討し，改良・改善して，よりよい結果を得ようと努力している．このプロセスを小循環と呼ぶことにする（図1.4）．この方法→結果の結合は非常に強い構造であり，研究のコアとなる部分である．この方法を使うとこのような結果が得られる，という事実がしっかりとしていれば，結果としてのその知識は高い信用を得て，学問の知識構造に組み込まれる．だから発表の時間や論文印刷の頁数が制限されている場合，堅実で良心的な研究者はこの核心的コア部分を公表の主たる内容とする．こうすればこうなりました，というだけの内容だから，受け取る側としてはちっともおもしろくないことが多いが，事実として長く残る知識であるだけに，それはそれとして立派なものなのである．結果には，直接五感により獲得されたもの，機器や調査票を介して獲得されたものがあり，また，結果の表現法としては，文章によるもの，図表によるもの，数式によるものなどがある．結果は方法により強く制

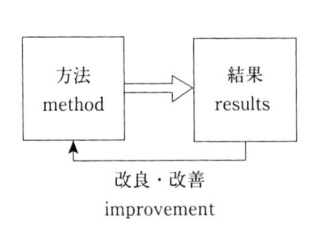

図1.4　研究のコア部分
（小循環）

約されているので，方法は十分吟味，検討されねばならないし，結果の限界もはっきりと述べねばならない．どんな方法を使うかはたいへん重要なことである．

2） 研究の大循環過程

　研究のはじめには，自分のもつ疑問や問題意識，あるいは仮説が存在している．人間はどのようにして立っているのであろうか．地球の重力のために身体のいろいろな関節のところで身体が下方に折りたたまれないように，関節を伸ばす伸筋の活動によって身体をしゃんと伸ばして立っているのではないだろうか．では働いているはずの伸筋の活動を調べてそれを証明してみよう，ということになる．筋肉の活動を調べるには硬さ，熱，音などの指標もあるが，現在最も優れた方法は筋活動に伴う電気的活動を記録する方法（筋電図法）である．だからこの方法を使うことにしよう，と決める．しかし方法的制約（針電極は刺すと痛いのでやめる）から，筋肉の上の皮膚に表面電極を貼りつけて，それによって筋活動に伴う電気的活動を記録することにする．そうすると，方法→結果の結合の強さのとおり，結果はきわめてはっきりと出てくるのである．もちろん電極の貼り方を工夫したり増幅器の改良をしたりして，アーチファクトのない，よりよい結果を得ようと努力する．驚いたことに，ほとんど活動が記録されない伸筋もあること，屈筋の活動もあることがある，などがわかってくる．その結果，最初の仮説（関節を伸ばす伸筋により立つ）を捨て，いろいろな実験を重ねて別の仮説（身体動揺の補正と阻止の筋活動により立つ）を立てることになるのだが[3]，それはさておいて，最初，人間はどのように立っているかという疑問に対して，伸筋が活動して立っているのではないかという仮説を立てた．しかしこの仮説を検証するためにとられた実際の方法は，この仮説を検証する完全な方法ではない．調べることのできる筋は身体の表面に位置するものだけであり，深部の筋についてはわからないからである．また，電極を貼ったために，そこが気になって無意識に普段と違う筋活動になっているかもしれない．そういうわけで，仮説や問題解決意識から方法決定までの間に一種の飛躍が存在することになる．

　別の例をあげよう．街を歩いている若者は，家庭というものについてどのように考えているだろうか，という疑問をもったとする．それを調べるのに面接法や質問紙法を使うことにする．これが現在の最上の方法である．しかし，この方法は人の意識や考えがわかる完全な方法ではない．嘘の答をする可能性があるから

である．だから，この方法を選んだとたん，飛躍をしてギャップを飛び越えたのである．

以上述べたように，疑問や仮説から方法を決定する途中で，切れ目，ギャップがあり，研究者はこのギャップを飛び越えて方法を決めている．人間やその生活に関する問題は複雑でむずかしいものが多く，現在使える方法ではすぐには検証や解決ができないことがふつうである．だからギャップを飛び越えて，とりあえず問題解決に最も近そうな方法を採用するのである．ここに研究者としての素質があらわれる．おかしな飛び越え方は研究者としての能力が疑われる．うまい方法を使ったなぁと感心する場合は上手な飛び越え方をした場合である．

次に，結果から結論を出す場合にも飛躍がある．やはりギャップを飛び越えることになる．家庭についての若者の意識調査から，家庭を必要なものと思う人の率が高かったので，若者は家庭を必要としている，という結論を出す場合はまさにギャップを飛び越えたのである．違う街で調べたら別の結論になったかもしれないし，性別で考えがだいぶ違うかもしれない．違う答をした人達もいるので，そのような結論は本当は出せないのかもしれない．

したがって，良心的になろうとすれば結果を要約するにとどめて総括やまとめとするか，結果から次の研究のための仮説を提出する程度にとどめたりする．結論はもっと研究が進むまで先送りにしようという態度である．仮説は次の研究の始まりへと続き，ここに研究の大循環が成立する（図1.5）．研究活動に関する大循環過程が，同一研究者もしくは別の研究者により次々と引き継いで行われるとき，図1.6に示すように，時の流れの中で，研究過程はらせん形を描いて順次進むような形で示される．これは研究をしだいに深めていく過程である．そのことにより，新知識の質，すなわち「確からしさ」がしだいに強まっていくのであ

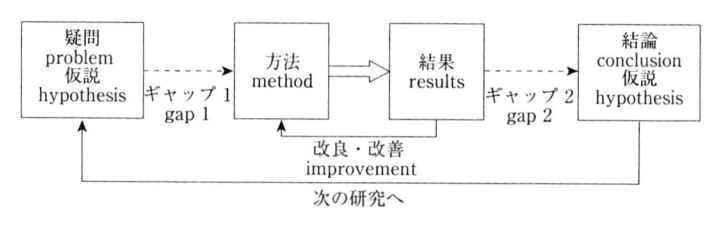

図1.5　研究の大循環

るし，新知識の量も増えていくのである．

大循環にはギャップが 2 ケ所ある．最初の疑問や仮説から方法を決めるところと，得られた結果から結論もしくは新たな仮説を考えるところである．大循環にはこういう飛躍箇所が 2 つもあるために，構造的には弱くなっているといえよう．研究者はなるべくギャップを上手に飛び越えたいと願っているが，そうもいかない場合が多いので，せめてギャップを飛び越えないですませたいと思う．それで方法とその結果という研究のコア部分だけを公表することになる．ギャップ 2 を越えずにすむように，まとめや総括（確定された事実のまとめ）にする．またギャップ 1 については最初の仮説をはっきり出さない．しかしこの場合もはじめの仮説はないのではなく，隠してしまっているのである（仮面仮説，masked hypothesis）[4]．ただ，本当に仮説がない場合もある．毎夜星空を望遠鏡で眺めている天文学者がたまたま新しい星を発見したというような場合である（ここに星があらわれるはずだがという場合は仮説がある）．また，別の目的で行っていた実験で偶然新しい現象を発見したというような場合である（X 線やペニシリンの発見）．

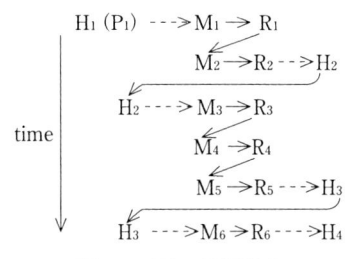

図 1.6 研究の進展過程

3) 研究意欲

研究の意欲は人の心に生じるものであり（内的要請），これによって研究の大循環を駆動させる力が生じる．この精神的活動はどのようにして生じるものだろうか．研究対象となるいろいろな事象から生じる疑問がある．例えば，どうしてあのそばはおいしくなく，このそばはおいしいのだろうか．女性研究者が成功するためには何が大切だろうか．また，先人の業績を読んだり，講義や実験で生じる疑問や仮説もある．過去の科学的積重ねから必然的に生じる諸問題である．例えばある温度範囲では温度と容積との関係は直線関係があるそうだが，温度をさらに上げるとどうなるだろうか，という疑問である．そのほか，問題解決が社会的に要請されていて，それに応えて自分の心に解決への意欲が湧く場合もあろう（外的要請を経て内的要請へ）．

いずれにしても心の中に知識欲，問題点の解決意欲が湧かない限り，研究活動は生じない．かかる好奇心や知識欲は，幼少の頃は誰もが旺盛にもっているもの

であるが，それはいろいろな知識が今後世の中で生きていくために必要だからでもある．だから，子どもが成長して十分高い教育を受けた後でも，まだ幼少の頃のような好奇心や知識欲を強くもっている人は，研究者としての素質があると考えられる．また，使命感のようなものも研究意欲に関係するように思われる．

　研究の発端には本人の意欲が必要であるが，それを引き出す役を果たす人として，教育者もしくは研究指導者の役割は重要である．また，研究を続行する意欲については，研究者としての確立のためにはたいへん重要なことであるが，最初の研究で発見の喜びを味わうことが決定的に大切なことのように思われる（競馬で大穴を当てるとやみつきになるのに似るか？）．このことに関与する者として，研究指導者はたいへん重い責任があるといえよう．例えば発見の喜びを自ら得ることができるように，うまく状況をつくってあげることである．そのほか，若い研究者の心得については文献[5]を参照されたい．

c．学問の確立とは

　学問は社会とは無関係に存在することはできず，社会の容認が必要であり，文明社会においては社会の中の制度のひとつとして存在している．現代の学問は社会組織の一部として組み込まれており，その社会の有する文化の一部でもある．そのためには次のような事柄が重要である[6]．

1) 学問理論面の整備

　その学問そのものに学問的統合性があることが重要である．社会の構成員からみて，知識集団がある程度統合され，ひとつの領域としてまとまっていると認められねばならない．誰がみてもばらばらな知識の寄せ集めだとわかる場合は，ひとつの学問として認められないであろう．内部の領域構造，体系がしっかりと存在し，目的，対象，方法，定義，独自性なども明確である必要がある．これらは学問そのものの理論的整備にとって必要な事柄である．

　また，その学問の研究成果が社会のために役に立つという実績があり，そのことを社会の構成員が認めることも重要である．この点については，応用・実践の学問は評価されやすい．すなわち，現実的な問題を解決したり，有用なものをつくったり，みなの関心を満足させたりした場合である．しかし研究成果がすぐには役に立たないものであっても，学問を発展させ，充実させることが理解されて

いる場合や，成果が将来重要になるかもしれないことを予感させる場合には，レベルの高い社会では社会のためになる財産として容認されるのである．

学問を表す名称と内容の一致性や現代性も重要である．学問名称はその学問がどういうものであるのかという社会理解と関係しており，社会的ニーズに応えるもの，社会に容認されるようなものでなければならない．

2) 制度，組織面の整備

昔は法律家や医師などを職業としながら，その合間に，趣味的に学問研究をしていたが，その場合，学問研究はあくまでも片手間のものであり，学問は十分社会のものとはなっていなかったと考えられる．学問研究を本職とし，研究費や生活費が支給され，その学問の専門家として，社会の職業のひとつとして認められ，保障されることが重要である．ヨーロッパでの17世紀のアマチュア科学者と19世紀の職業科学者の違いを考えるとよい．その学問に専念できる職があることは，社会的承認を示す証拠である．その結果，学問も本格的に育つようになったのである．すなわち，社会の制度（科学制度，高等教育制度）として組み込まれた組織（高等教育研究機関としての大学学部学科，大学院や研究所）の認可，成立，存続である．そこは何よりもまず，新しい知識を生み出すところでなければならないし，新知識を含めて知識群を統合して学問を構築発展させる原動力を有するところであるべきであるが，そこはまた，研究成果や学問を次世代の若者に伝える教育の場でもあり，学問を志す学生が入学し，専門知識や技術を正式に系統的に学びとる．その中から若手研究者も育ってくるのである．学問を学ぶ若者の側からみれば，自分のやりたい学問を学べる大学があり，そこへ入学できること，大学生の身分を有することができること，およびそれにかかわるいろいろな便宜を得ることができることなどは，社会としての学問承認の証拠でもある．

文化の構成要素としての制度の重要性は1944年すでにマリノフスキーによって論じられている[2]．彼は制度について，価値や目的に関する憲章と，それにもとづく人的組織，物的装置，もろもろの規範などによって文化的行動が生まれ，それは社会においてある機能をもつという図式を示している（図1.7）．これを学問の教育研究制度の場合にあてはめることも可能であろう．すなわち，学問に対する基本的考え方，価値観のもとに，科学者集団は研究と教育に関する物質的

```
        人的組織
         ↗
憲  章      物的装置 → 行  動 → 機  能
         ↗
        規範
```

図1.7 制度の構造（マリノフスキー，1944）

基盤（校舎や研究室，講義室，備品や器具，研究費など）をもとにして，また活動のルール（学則など）にもとづいて，教育研究活動を行うのである．これを可能にするには，まず第一に学問を学ぶ学生がいなければならない．

また，学会も重要である．学会というものは，その学問を志す研究者達が研究成果を討議し，社会に公表するための場，組織である．学会がない状態では単に個人がばらばらにそれぞれ好きな研究をしているだけであり，社会的なものではない．また研究成果は印刷物として公表される慣習があり，論文を掲載する学術雑誌（機関誌，学会誌）や学術図書としての著書の出版である．その場合，内容が学問の水準からみて妥当であるかどうか，新知識として学問に取り入れるに値するかなど，十分検討されたものであることが大切である．しっかりした審査を経たものほど評価が高い．このようにして発表された成果はその学問のものとして理解される．だから成果をどこの学会で発表するかということもたいへん重要なことである．なお，学会が法人として認可されたり，学術会議に参加を許されたりすることも，その学問が社会的に認められたことを示す証拠になる．

1.2　家政学の確立

a．家政学の理論的整備

学問の確立においてまず第一に重要なことは，何といっても学問そのものの理論がある程度以上できあがっていることである．初期の家政学ではこの点について心配が多分にあったので，家政学原論という領域を特に設けたのである．現在まだ十分とはいえないが，学問の理論面はある程度整ってきたといえよう．

1）領域と体系

従来，家政学の内部大領域は ① 食物学，② 被服学，③ 住居学，④ 児童学，

⑤家庭経営学，⑥家政教育学，および全体に関与する⑦家政学原論の7つであった．またさらに内部の細分領域については，例えば食物学では食品学，栄養学，調理学の3本柱に1980年代には食文化学もしくは食生活学が加わって4本柱より成るとされ，被服学は領域の細分化が著しく，被服材料学，被服整理学，被服構成学，被服衛生学，被服心理学，色彩・意匠学，服飾美学，服飾史，民俗服飾などより成ると考えられた．家政教育には家庭教育，学校教育，社会教育の3つの内部領域があり，家庭経営学には家庭管理学，家庭経済学，家族関係学が含まれ，家政学原論は学史や比較家政学を含む家政学論と，家政論や家庭生活論を含む生活論の2領域から成ると考えられた．これらの細分領域については違う考え方もあり，一定していないが，大領域については比較的おおかたの合意があった．しかし近年，大領域についても変化が起きたと考えられる．

日本家政学会は日本家政学文献集を10年間隔で出版してきたが，1988年の『日本家政学文献集IV 1979～1986』出版以降，論文業績の集積をデータベース化する作業が1980年代後半から始まり，1990年代前半には，1945年以降の文献のデータベース化が進んで，1997年2月段階では11万件が入力済み，以後，年間3,000件増のペースにのっている．この過程で採用された文献の分類枠組みについては，家政学内部の第1段階大領域数は家族関係学が独立してひとつの大領域となって，全体の領域数は8領域となり，第2段階の内部細分領域数は各大領域についてそれぞれ約10個ずつ用意されている．さらに，この領域分類枠組みは，1997年より日本家政学会誌の論文分類表にも採用されている（表1.1参照）．それで，この入れ子構造的な分類枠組みは現代日本家政学の領域構造を示す有力な枠組みであると考えられる．

家政学の内部諸領域がどのようにまとめられ，統合されているかということは，学問の理論的確立のためにたいへん重要である．家政学文献データベースと家政学会誌に採用されている分類枠組みは，もともと家庭生活の営みを衣食住などとしてとらえてきたことと関係しており，それをより完全にする形で8大領域とそれぞれの内部細分領域が形成されている．だから基盤にある体系的な考え方として，まず，家庭生活を営む諸側面である，という枚挙的考え方があげられよう．そしてそれら諸側面は実践面において統合されているという考え方である．

住田は家政学の体系的認識の一助として「撚糸モデル」を提出した[7]．糸はふ

表1.1 分類表

1. 原論	3. 家族	5. 食物	7. 住居
10 一般	30 一般	50 一般	70 一般
11 研究方法	31 結婚	51 食品	71 住居史
12 学説	32 離婚	52 栄養成分	72 住生活
13 思想	33 死別	53 微生物	73 住居管理
14 家庭環境	34 世帯	54 調理, 加工	74 住居問題, 住宅政策
15 社会環境	35 家族	55 栄養	75 住居計画
16 外国家政学	36 老人	56 測定, 評価	76 室内環境, 設備
17 学会	37	57 食生活	77 住宅生産, 構造, 材料
18	38	58	78 住環境, 都市, 農村
19 その他	39 その他	59 その他	79 その他

2. 経営	4. 家政教育	6. 被服	8. 児童
20 一般	40 一般	60 一般	80 一般
21 労働管理	41 家庭教育	61 衣生活, 被服心理	81 児童発達
22 時間管理	42 家庭科教育	62 服飾意匠, 色彩	82 児童保健
23 家計	43 家政学教育	63 服飾美学, 服飾史, 民俗服飾, 民族服飾	83 育児, 保育, 教育
24 消費者行動	44 生涯家政教育		84 児童文化
25 消費者問題	45 教育実践	64 被服構成	85 児童福祉
26 生活設計	46 家政教育研究	65 被服衛生, 生理	86 児童臨床
27 生活保障	47	66 被服材料	87
28 女性問題	48	67 染色, 加工	88
29 その他	49 その他	68 被服整理, 管理	89 その他
		69 その他	

どの分野にも該当しない論文は「90」として扱う.

つう何本かの繊維をひきそろえた単糸を撚って1本の撚糸にする. 各単糸は家政学の内部諸領域, 各繊維は基礎科学にあたると考えると, 家政という諸領域の有機的関連性は目にみえぬ撚りの力となって, そこに1本の撚糸が形成される. 家政学を撚糸にたとえたのは家政学のもつ有機的総合性を表すためである. この撚糸はどの視点（内部領域）から切断しても横断面には家政学の客観的姿がみられ, 切り口はどこであれ家政学（撚糸）自身には変わりはなく, 家政学を内部諸領域を包括したひとつの有機的統合体として把握できるという. さらに撚糸を構成する単糸の数や太さは, 時代や社会の要請によって変化することもあろうが, それは家政学内部領域の分化や統合, 発展や縮小を示すものである. 繊維の種類や数についても同じようなことが考えられるであろう. また, 各単糸は実際の家庭生活における衣生活や食生活, 住生活などに相当するので, 領域が日常生活において実践の機能を示すことにもなる. しかも相互に関連した知識は, 全体とし

て活用されるから部分の総和以上のものが生じてくるという（図1.8）[7]．実践では生活は統合されたものであり，そこに示される力を「家政力」という．中原はそれを「生活保衛力」と表現し[8]，住田は「撚りの力」にたとえたのである[7]．

しかし，装う，食べる，住まうなども家政という統合的なものを諸側面にばらばらに分解させたものであり，それらの間の結合力はやはり弱いものだということであれば，ここで家政を総合的に扱う領域の存在

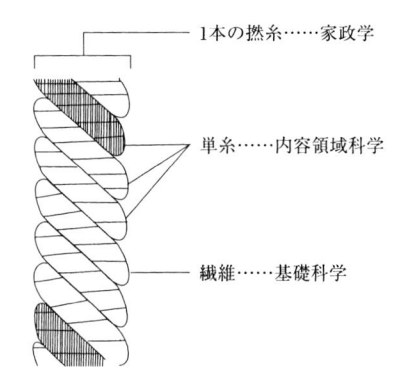

図1.8 家政学の撚糸モデル（住田，1988）

が必要になる．そのために家政学文献データベースや家政学会誌では第1番目の領域として共通もしくは家政学原論を置いている（しかし両者の内部細目の違いは大きく，問題がある）．生活を総合的に扱う理論としてはこれまでのところ，システム論的アプローチや，生活時間・生活行動研究，生活構造論，文化論的研究などが有望と考えられてきた．筆者は，衣食住などの諸手段が緊密な関係で人間の生きていくニーズを充足させる点に全体の統合性をみる．

仮に家政に直結しているということで衣食住などにおける実践的方面どうしの結びつきが強いことを認めても，それを支える多くの基礎科学的研究どうしは結合力が弱い．家政学を支える業績の多くは基礎科学的研究であることを忘れてはならない．しかし実践と基礎科学がともに発展すれば，衣食住などの各領域間の距離は実践のみならず基礎科学どうしも短くなり，結合力は強くなるであろう．また，実践と基礎科学の両方面を扱う家政学者や，複数領域にまたがった研究を行う幅広い家政学者を養成することも大切である．

一方，1980年代後半には，それまでとはまったく違った領域分類の考え方が出てきた．全国の学部学科，学科目などの教育活動の面から出てきた分類である．すなわち，1987年の全国家政系大学短大526校のアンケート調査結果や，ヒアリング，大学への出張取材を通して得た領域別学科および講座または主要学科目の分類案として9領域が1991年にまとめられた[9,10]．すなわち，全体を総合的に研究する領域である総合・複合系のほか，人間発達系，家族・家庭生活系，

生活文化・芸術系，生活福祉系，生活情報系，生活環境・資源系，生活科学・技術系，生活産業系である．この9つの系は家政学の研究活動であり，家政学の領域であるという．

　これと関連して日本家政学会は「家政学将来構想 1994」において，学会の組織を数個の部門，例えば人間発達・教育部門，家族・家庭生活部門，生活文化・芸術部門，生活環境部門などに分ける案を示した[11]．そして 1997 年に日本家政学会は「家政学の研究領域」として，家族・福祉，情報・環境，技術・産業，文化・芸術の4つのコアを結ぶ中に多くの研究領域が配置され，全体としては生活

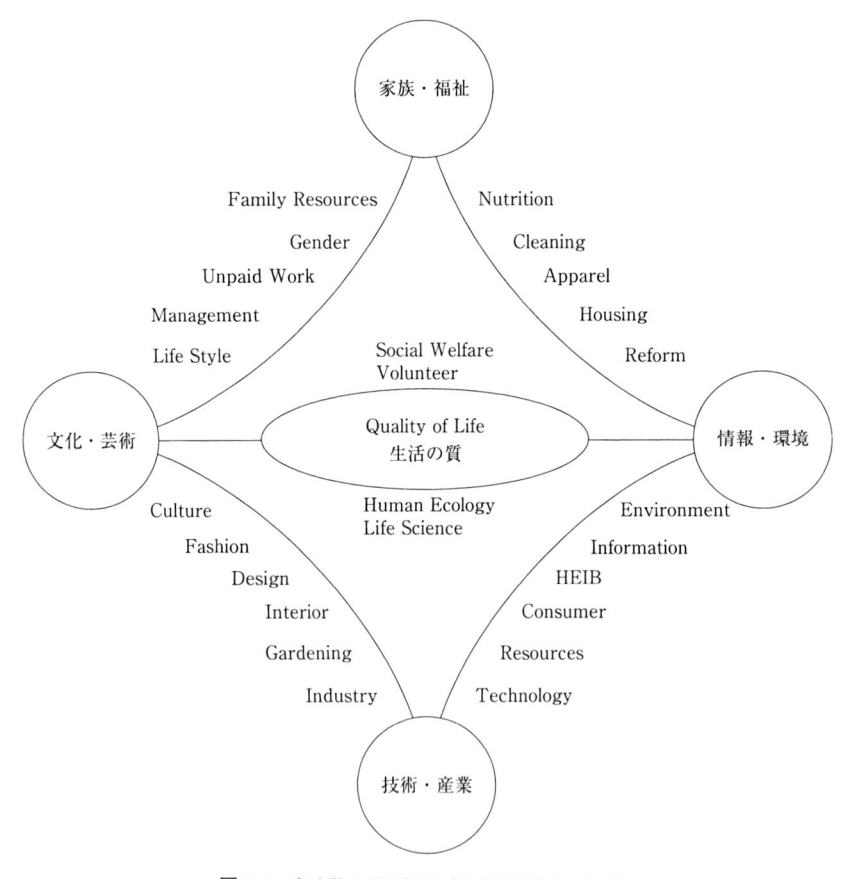

図1.9　家政学の研究領域（日本家政学会，1997）

の質を追求する図（図1.9）を示した．これは1991年にまとめられた9領域との関連が強く，家政学の大まかな領域と体系の構造を示す，統合度は劣るが包括的で要素を関連づける曼陀羅であると考えられる．

　以上，家政学内部領域についての主要な考え方を紹介した．ひとつは従来の衣食住などの分類をさらに発展させたものであり，この方式は学会誌や文献データベースに採用されているが，もうひとつは大学の教育研究組織を人間とその活動や人間とその環境とのかかわりの考えから分類したものに諸研究を配置した考え方である．両者を統合すれば，後者に示されたそれぞれのカテゴリーの中に前者の諸領域が重複も含んで参入するような体系構造が考えられるが，問題もある．

　筆者の考えは，人間とかかわる環境をまず体内環境と体外環境に分ける．前者をさらに身体全般の環境と脳活動としての精神環境に分け，後者を体表面近辺部の環境，ホーム環境，地域社会環境，より広い社会，国家，国際環境，大自然環境などに分ける．これらの環境と衣食住などの諸領域をクロスさせると全体が体系化され，それぞれの間に働く相互作用を研究する多くの研究分野が生まれる．

2） 家政学の目的

　家政学を研究しているそれぞれの研究者にとって，いちばん切実に自分の研究目的として感じているのは，今，自分が行っている研究において新しいデータを出し，研究テーマの解明へ一歩前進したいという気持ちであろう．例えばビルディングの床の材料について，1階玄関ホールには大勢の人が出入りするので，その床には耐久力のある床材を敷きたいが，どの材料がよいかを決定したいという目的をもったとする．その目的を達成するには，そもそも人が歩いているときにはどの程度の力がどの方向に床に与えられるかというデータが必要になったが，そのデータが不足なので自分でもそれを調べることになった．ここで目的が変更されている．それでストレインゲージを使った三次元ロードセルという機器を用い，多数の人を被験者にして，また，はきものも数種類使って，歩行の際の足が床に及ぼす力のベクトルが大きさと方向を変えつつ時間的に変化するようすを解明することになった．

　この例のように，ある大きい実践的な目的を達成するには小さな（科学的な）目的を立ててそれを達成することが必要になる．実際，実践的研究をしていくと，それに必要な基礎データがすでに他分野で出されているものだけでは足りな

いことがわかって，自分達でも基礎的研究をしなければならなくなることが結構多い．

　今，自分が行っている研究活動が目ざしている目的は，あることの正確な測定値を出したいなどの直接的目的であり，それが達成されると一段上の目的，すなわち研究テーマの部分的解明が達成される．それが達成されるとさらに上位のもっと大きな目的が達成される……といった構造がみられる．これを「目的の多段階構造」ということにする．家政学のいちばん大きな最上段の目的とは「人類の福祉」に貢献することである．それに対して「家庭生活の向上」はそれより下位に位置する目的である．下位ほど研究活動と密着しており，したがって研究者の目的意識も強く，具体的，直接的，個別的，基礎的で小さい目的であり，数は多い傾向があるのに対して，上位ほど実際の研究活動とは離れ，実感が乏しく，目的意識も薄れがちになり，抽象的，間接的，普遍的で応用・実践的な，大きい目的であり，数としては少数になる傾向がある．また，目的の多段階構造において下部と最上部の目的は他の諸学問との共通性が強く，中間部の目的にその学問らしさがあらわれる傾向があるようである．家政学においては家族や家庭に関係した諸目的が中間部に位置しており，これらの目的は家政学らしさを示すものである．すなわち，家庭生活の向上，家族の能力や素質の発達やいろいろな欲求の充足，賢い消費者になることなど，いろいろな目的があげられる．さらに，人間は弱いものであるので人間を守ることが大切であり，人間守護[12]も目的としてあげられよう．暮らしやすさや生きやすさを目的とするという考えもある．

　以上述べたことから，家政学では上位目的や中間目的として実践的な目的を多く有していることが明らかである．しかし，その目的を達成するためには基礎的なことも数多く解明しなければならず，より下位の基礎的目的というものが多数存在していることは注目してよい．また，しだいに上位レベルの目的になるほど研究者の目的意識が乏しくなる傾向があるが，しかしまったく意識にないと困ったことになる．その日の研究を終えてほっとしてくつろいでいるとき，たまには最上段の目的について思いをめぐらし，反省することも必要であろう．

3）家政学の対象

　家政学では「家庭を中心とした人間生活」を研究対象と考えている．生活は毎日毎日の生命活動が継続されていくところに生じるものと考えられるが，その営

みの中核となる場として家庭というものがあるということをよく認識しなければならない．家庭の機能がしだいに社会化した現在，家政学の内部領域の中でも被服学がいちばん家庭意識が薄れて人間生活という対象意識の方が強いようである．家庭ではもうあまり衣服をつくることがなくなり，既製服を利用することが主流になったからであろう．それに対して家庭経営学は，家庭や家族の生活を直接の研究対象にすることが多いので，家庭を対象意識として強くもつ傾向があった．しかしこれとても生活経営学としての主張が強くなり，対象意識は家庭から社会へと移ってきたように思われる．

　もともと家政学は家庭生活を対象に扱ってきた歴史をもつわけであるから，家庭を含みつつもさらに広い人間の生活を研究対象にするにあたり，対象範囲の拡がりがあったわけで，研究者の意識にも家庭からまわりへと拡げる変革が必要とされてきた．その結果，家庭が忘れられることも生じた．新しく家政学を学び，研究を始める若い人達は，まず人間生活というものを視野に置き，その中に家庭と社会を同時的にみる努力をする方がよいと考える．家庭をみてそれからまわりに拡げるということは，狭めた視野を後で拡げるという困難さを伴う．最初から広い視野で人間生活を全体的に把握しておいて，それから内容を分析的にとらえる方がより容易である．このことはわれわれの大脳の働き方とも関連していると考えられる．

　ここで重要な点は，家政学では人間生活というとき，当然のこととしてその内部には家庭生活が含まれていることがわかっているということである．すなわち，われわれは人間生活と家庭生活とを同時的に認識する．人間生活を思うとき，家庭と社会とを同時的に認識しているのである．このようなことは不可能だといわれるかもしれない．しかし，このようなことは日常生活でわれわれがふつうに行っていることなのである．例えば道でAさんに出会ったとすると，そのときわれわれはAさんの姿形とともに姓名，性別，間柄，その他Aさんについてのいろいろな事柄を同時的にわかっているのである．同様に，人間生活の中に家庭生活が大事な部分を占めているということが同時的にわかるということは可能なはずである．

　家政学の対象として，さらに，人間と環境との相互作用があげられる．食生活，衣生活，住生活などのように，個人であるとともに家族の一員であり，さら

に社会の一員，人類の一員である人間が，まわりの環境と関連をもちつつ日常生活を営む諸相を研究するのが家政学の中心部分である．そして，家政学が人間と環境とのかかわりを研究の中心に置くとき，相互作用のほかに，かかわる主体としての人間そのものや，環境そのものも研究の視野に入ってきて，結局それらすべてが全体像として家政学の研究対象となっていくのである．

　したがって家政学では，まず第一に生活活動の研究が重要であるが，生活の主体である人間そのもの，および生活に必要な物質そのものも，研究対象として重要なものであると考えている．児童学では児童の身体や行動，精神そのものの発達を扱う研究が多い．家庭経営学，食物学，被服学，住居学においても，人間の身体の構造と機能，行動に関する研究が多く含まれている．また，食物学，被服学，住居学では生活に関係する様々な物質，すなわち飲食物，布や繊維，洗剤，家具などの生活資材そのものに関する研究が無数にある．ただ注意すべきことは，人間や生活資材そのものの研究は他の学問と重なりあう部分が多くなるので，研究を進めていくと家政学から離れていくという危険性がある．したがって研究者は家政学の目的や対象，独自性について絶えず反省する必要がある．

4)　家政学の方法

　家政学は研究対象が決まっている対象学のひとつであるので，他の対象学と同様，研究の方法は多様である．特に人間とその生活という，複雑で全体的なものを対象にしているので，それを解明するためにはあらゆる方法で研究しなければならない．ふつう，自然科学，社会科学，人文科学のあらゆる方法を家政学の方法として使ってよいと考えられている．

　実際には物材，人間，文献などを直接の対象として調べるわけであるが，そのときどういう手法（方法）を使うかによって，必要な専門的学術知識も異なるし，また使用する機器についての知識，データの処理法，考察の仕方についての知識さえも異なることが多く，そのため違う方法（手法）を使う研究者はお互いの研究を十分理解することができない．したがって，同じ家政学者でありながらまったく相手の研究のことはわからないという状態があり，これが家政学の分解傾向，まとまりの悪さを生み出していると考えられる．対象学共通の悩みである．

　しかし，どの方法（手法）を使っても，研究方法（やり方）における家政学的

に共通な部分もある．家政学では人間と環境との相互作用を研究するという考え方も強く，それはまさに生活の営みを研究するということであるが，生活の核心部は家庭生活にあることを忘れてはならない．また，実際の研究は人間の側から進めてもよく，また，人間集団で構成される家族・家庭，それをとりまく社会，必要とされる生活資材などの環境の側から進めてもよい．

人間と環境との相互作用を研究の中心にするとはいえ，人間そのものや，生活環境そのものの研究も必要で，両者の理解が深まれば相互作用についての理解も深まっていくという関係になっている．かかる研究の態度は結局，総合的なとらえ方である．しかし実際には全体を一部分ずつ解明していくという方法（やり方）をとることが多い．今後，生活をはじめから全体的に扱う方法の発展が望まれる．

家政学では究極の目的が実践的な面にあるので，研究の方法にも実践性という特徴があらわれる．それは現実の人間生活に役立つ方向へ研究を発展させようとする研究者の考え方や行動にみられる．その点，他の応用的実践的学問と同じであるといってよかろう．

5） 家政学の定義

日本家政学会が関与した家政学の定義は，これまで2回である．すなわち1970年のもの[13]と1984年のもの[14]である．現在，以下に示す1984年の定義が広く使われている．

> 家政学は，家庭生活を中心とした人間生活における人間と環境との相互作用について，人的・物的両面から，自然・社会・人文の諸科学を基盤として研究し，生活の向上とともに人類の福祉に貢献する実践的総合科学である．

1984年の定義に組み込まれた家政学の研究対象は「家庭生活を中心とした人間生活における人間と環境との相互作用」となっており，1970年のものとは異なる．まず，ウエイトは家庭生活ではなく，人間生活にかかっている．しかし，この報告書では，家政学の対象は家庭生活だけではなく，それを中心としてまわりにも拡げるという1970年と同様な考え方が強いが，そのほかに，社会と家庭を包括的にみている考え方もあると指摘している．また，「人間と環境との相互作用」を対象とするという考えも浸透しているようである．いずれにせよ，家政

学の対象は「家庭生活」から，それを含んでさらに広い「人間生活」へと変化しつつあること，さらにかかる人間生活における「人間と環境との相互作用」であることが示されている．

　方法については人的・物的両面から，自然・社会・人文の諸科学を基盤として研究するとあり，また，実践的総合科学であることも述べられており（実践的に，総合的に研究する），1970年のものとほとんど変化はない．

　目的については，生活の向上と人類の福祉をあげている．1970年には家庭生活の向上であったものが生活の向上へと変化していることは，対象が家庭生活から人間生活へと変わったことと対応している．また，1984年には「人類の福祉」となっており，1970年時の幸福のような曖昧なものではなく，現実的，具体的なものである福祉を目ざすことをはっきりと打ち出している．

　以上述べた1970年と1984年の2つの定義を比較して目立つ点は，対象が家庭生活から人間生活へと微妙に変わってきたことであろう．この傾向は1990年代もさらに進んだように思われる．そのことによって，学問の内容と名称との不一致がさらに著しくなり，名称変更は切実な問題となってきた．

6）　家政学の独自性

　家政学は非常に広い範囲の分野を含んでいるので，関連する他学問も幅広く，数も多い．家政学研究者の参加する研究会なども学際性の強いものが多い．家政学と他学問との相互交流は活発であるといえよう．このような情勢が家政学の活性化に貢献していることは確かであるが，一方では家政学の分解，離散への力ともなっていると考えられる．したがって，家政学の研究者は家政学の目的，対象，方法のみならず，家政学の特色，独自性をもよく認識する必要がある．

　家政学の独自性についてまず何よりも第一にあげられる点は，家庭生活の営み，すなわち家政の研究を中心部にもつことであろう．これこそ家政学のルーツであるし，家政学独自の研究対象，また，家政学独自の研究領域である．近年，家庭の機能の社会化により，家政学の研究も社会事象へと延長発展していった．その結果，現在の家政学は人間の日常生活を研究対象とするというところまで視点を拡げている．ただ，他学問と違う点は，家政学では人間生活を考える際に，家庭生活が人間生活の重要な部分として中心部に含まれていることを強く認識しているということである．他学問では家庭抜きで人間生活を考える傾向がある．

家政学では家庭生活を含む人間生活を衣，食，住，その他のいろいろな側面から研究しており，その点では生活を総合的に研究している学問といえよう．生活を衣，食，住などに分けると述べたが，具体的には装う，食べる，住まうなど，人間の生活行動を中心に考えている．また，家政学では生活の諸側面を研究するのにあらゆる自然科学，社会科学，人文科学を基盤としており，総合科学の性格が強い．生活を統一的にとらえる単一研究はまだ多くないが，例えば生活構造論や文化論的研究などのような研究が今後発展することが望まれる．

家政学は現在の生活の問題点を指摘し，生活をどのように改良，改善していけばよいか，日夜努力している．すなわち，家政学にはきわめて実践的で総合的な性格があるといえよう．現実的な問題解決を目ざす中で，基礎的な科学的研究も多く必要とされるので，家政学は科学と技術が同居する実践，応用の学問である．佐藤は，家政学会誌論文の引用文献における雑誌引用割合は70.9%であるが，それは他学と比較したとき，技術・工学に似ているという[15]．また，家政学で扱う事柄はわれわれの日常生活のきわめて身近なものが多い．例えば気軽に食べているそばやうどんをおいしく食べるにはどうするか，などであって，世の中にはかかる事柄は誰もがふつうにやっていることであって，それをことさら学問的に扱うことは馬鹿馬鹿しいと思う人も多い．しかし逆にみれば，ここに家政学の独自性があるのである．身近な事柄の研究は決して馬鹿馬鹿しいものではない．毎日くり返し営まれている生活の身近なことこそ「生物進化の根源」となっており，家政学的研究はわれわれ人類の未来の運命に関連をもつ，重要な研究である．

家政学は家庭を中心としたわれわれ人間の生活が，快適，安全，健康に過ごせることを目標としており，そのために人間や生活資材などの研究も数多く行われている．人間は生活の主体であり，家族の一員である．また，人間は弱い存在であり，守護しなければならないものであるという考えがあり[12]，これは家政学が女性，子ども，老人と長らくかかわってきた歴史と関係しているのかもしれない．また，消費者の立場という観点も強い．消費者保護，消費者教育，消費者運動などの言葉もよく耳にする．そのほか，家政学では人間を生活者としてとらえることも多い．

生活に必要な物材については，生活用品として重要な研究対象であるが，その

生活における有用性に強い関心がもたれている．この植物は食べられるだろうか，この材料は部屋の壁に使っても大丈夫だろうか，などである．また，家政学では使い方，使い勝手への関心が強い．

家政学はわれわれ人間のもつ諸欲求を充足させるべく，環境を人間のために変える努力をしている学問といえるが，その場合の環境とは，自分という人間に最も身近なものである家庭における食物，衣服，住居，家族などが中心となっている．また，家政学ではこれら身近な資材をどのようにして上手に使いこなすか，身近な人間である家族とどのようにして楽しく暮らすか，という，いわゆるやりくり的なことについて努力を傾ける．以上述べたような事柄も，他学ではあまりやらないので，家政学の特色であり，独自性といえよう．しかし，これからは創造的で社会に大きなインパクトを与える研究を，家政学の名でもっと発表する必要がある．

b. 家政学の制度・組織面の整備

学問が社会的に存在しうるには，制度や組織の面でも社会から容認されねばならない．日本の家政学は第二次世界大戦後，大学の学部学科として教育・研究が認められ，また，研究者は活発な学会活動を行うことができるようになった．

1) 高等教育研究機関

昔は法律家や医師などを職業としながら趣味的に科学研究をしていたが，その場合，学問研究はあくまでも片手間のものであり，学問は十分社会のものとはなっていないと考えられる．したがって，その学問に専念できる職があることが社会的承認を示しているわけで，その結果，学問も本格的に育つようになったのである．すなわち，社会の制度として組み込まれた高等教育研究機関としての大学学部学科の成立である．わが国の家政学部については，1948年に初めて日本女子大学で，1949年には理家政学部としてお茶の水女子大学，奈良女子大学で発足した（お茶の水女子大学では1950年，奈良女子大学では1953年に独立の家政学部になった）．

家政学を学ぶ，大学などの学部学科ができたことは，たいへん重要なことである．このことにより，この学問を志す学生が入学し家政学の専門知識，技術を正式に学ぶことが可能になった．また，専門研究者養成のために存在する大学院の

設立はさらに重要である．修士課程設立は，1953年大阪市立大学，1961年日本女子大学，1963年お茶の水女子大学，1964年奈良女子大学と続いた．博士課程は1975年大阪市立大学，1976年お茶の水女子大学と奈良女子大学の順である．

これらの機関の卒業生の中から優れた研究者が次々と育ってくることによって，その学問は安定的に発展していくことができるのである．日本の家政学では1948年以来，大学で家政学を学ぶ学生が入学したという事実が重要であろう．

2）学　　会

学会はその学問を志す研究者達が研究成果を討議し，社会に公表するための組織である．学会がない状態では，単に個人がばらばらにそれぞれ好きな研究をしているだけであり，社会的なものではない．

日本家政学会は1949年に設立された．それまでの長い間，家政学に関係した研究が行われていたことからみれば，なぜもっと早く学会が結成されなかったのか不思議である．家政に関係した事象をよその学問で研究しても家政学のものとは認められない．やはり家政学の学会設立が，家政学という一個の学問の社会的独立のためには決定的に重要なことであったと考えられる．学会ではふつう，年1回，全体会としての学術大会（academic conference）を開催する．

日本家政学会は現在，専門別の18分科会——被服材料学（1969〜），被服整理学（1968〜），被服構成学（1969〜），被服衛生学（1976〜），被服心理学（1984〜），民俗服飾（1968〜），色彩意匠学（1978〜），服飾史・服飾美学（1991〜），食文化研究（1987〜），住居学（1968〜），児童学（1971〜），家政学原論（1968〜），ヒーブ研究（1972〜），生活経営学（1997〜，前身の家庭経営学は1969〜），家族関係学（1980〜），家庭経済学（1986〜）の16部会と，食品組織（1980〜），家政教育（1995〜）の2研究委員会（前には食と健康（1988〜1999）もあった）——を有し，また，全国を6地区（北海道・東北，関東，中部，近畿，中国・四国，九州・沖縄）に分け，それぞれの地区の支部会活動も行っている．家政学会の正会員数は，1950年の550人以来，しだいに増加して1960年1,430人，1970年3,314人，1980年4,291人，1990年4,403人，そして1993年には4,503人と，約4,500人にまで達したが，その後減少して1999年4,063人，2000年3,961人，2001年3,767人，2002年3月末日3,699人である．

学問の成果は公の印刷物として，研究者達や広く社会に対して発表される必要

がある．日本家政学会では1951年から1986年までは『家政学雑誌』の名称で，また1987年（第38巻）からは『日本家政学会誌』と名称変更して，学術雑誌（機関誌）を発行している．1巻の発行号数についても，最初の年度（1950年度，1951・3）には1冊（第1巻第1号）しか出なかったが，次の年度（1951～1952）には第2巻が3冊（第1～3号：No. 2～4），以後第3巻（1952～1953）からは4号まで出るようになった（家政学雑誌，第1巻第4号，後で第2巻第3号と訂正されたもの，1952，家政学雑誌寄稿の方々へ；第3巻第4号，1953，36ページ，編集後記）．

そして，第8巻（1957）からは6号まで（第10巻のみ4号まで），第20巻（1969）より7号まで，第24巻（1973）より8号まで，第30巻（1979）より10号まで，そして第33巻（1982）より年間12号まで出るようになった．1巻の号数，改巻を4月切替えの年度でするか，年の初めの1月でするかは，最初の10年間ははっきり決まっていなかった．現在のような1月切替えが軌道にのったのは1960年（第11巻）からである．

学会設立以来50年余り，その間の機関誌の研究成果（論文）の積重ねは家政学の大きな実績であり，財産でもある．このほか，毎年の年次大会，全国6つの各支部会での研究発表，18の分科会での研究発表なども多い．また，『家政学文献集1～4』，『家政学将来構想 1984』，『消費者問題と家政学』(1985)，『家政学用語集』(1987)，『新時代への家庭科教育』(1989)，『家政学シリーズ25巻』(1988～1992)，『家政学事典』(1990)，『家政学用語辞典』(1993)，『ライフスタイルと環境』(1997)，『日本人の生活』(1998)；英文版『Life in Japan』(1999)，『変動する家族』(1999) などの単行本も，学会の大きな事業の一部として見過ごせない．

日本家政学会は1982年，社団法人として認可された．このことは社会的認知の証拠として重要である．また，家政学は1985年より，藤巻正生氏の尽力により日本学術会議（第6部）への参加が許された．このことは家政学が日本の学問の世界で仲間として認められたということを意味する．

c．家政学の確立

学問が社会の中で確立するにはその理論的側面の整備とともに社会的制度，組

織の面でも整備されなければならない．この両面についてこれまで家政学の現状を検討してきた．その結果，家政学はかなりの程度で学問たるべき条件を備えていることがわかった．かかる状態に至る本格的な動きは第二次世界大戦後からである．それ以前においては明治以来，学の内容が系統立って教育されてきたこと，すなわち各種教科書に示されるとおり，知識の整理統合体の性質を備えていたことが重要であるが，そのほかに1934年設立の家庭科学研究所（1934～1996年）が設立目的が明確なこと，10の研究部門の設定，機関誌『家庭科学』の発行という点で重要であったと考えられる．しかし，第二次世界大戦後大学の学部学科や学会の設立，機関誌の発行，多くの原論の著書出版や原論部会活動による学理面の深化と発展，また何よりも各領域での研究の蓄積によって，家政学の学問としての確立が進展し，学術会議への参加にまで至ったのである．ゆえに現代日本家政学は十分，学問のひとつとして確立していると考えてよかろう．

1.3　家政学の問題点

a．領域の片寄り

　日本家政学会の正会員数が1990年代前半には約4,500人にまで増加した後，現在減少傾向にあることは問題点としてあげられるが，それよりも大きな問題は，正会員の専門領域が食物（40.8％）と被服（28.5％）に片寄っていることである（1993年）．両方あわせて約70％を占め，これは1980年代後半（1988年）の調査における約73％とほとんど変わらない．また，研究発表や論文数も食物，被服（特に自然科学系）が多い．佐藤によれば，日本家政学会誌1951年第1巻から1989年第40巻までの論文2,944篇のうち，食物40.3％，被服40.4％で，両者で全体の約80％を占めている[16]．

　また，富田・神部が学会誌論文数と年次大会発表数を1996～1998年について調べた結果でも，食物と被服で約70％を占めていた（食物40～50％，被服20～30％）[17]．今後，領域の再編成により，家政学の特色である総合性をもっと打ち出す必要があろう．

b．家庭・家政研究の不振，不人気

　家庭内部より，もう少し広い人間の生活というものを対象にした方が研究テーマも豊富であり，しかも強力な解明方法や資金の豊かさにも恵まれている．したがって業績も上がりやすい．そこで興味にまかせてどんどん研究を進めていくことになる．人材も研究費も多く集まり，実績もどんどん増えていく．この傾向はこれまで特に家政学の自然科学領域で著しかったし，それは今後も続くであろう．それに対して家庭の経営に関する領域や，その他の家政事象を扱う領域では家庭生活の学問としての性格が比較的よく保たれることになるであろうが，興味あるテーマに乏しく，視野はどうしても広く社会や人間生活に向けられがちになる．家庭，家政が興味，魅力を失っているのである．また，学問を表す名称と内容の不一致に問題があるのである．

　このことは家政学部学科の不人気にもあらわれている．4年制大学志願者数に占める家政学部志願者数の割合は約1%前後で少しずつ低下している．女子の大学志願者のうち家政学部志願者の占める割合は近年減少が著しい．短大についても，志願者総数に占める家政学系志願者の割合はそう大きな変化はないけれども漸減傾向にあり，短大学生総数に占める家政学系学生の割合も減少を示している．なお，家政学部学科を改組改名している傾向がみられる．家政の名称はしだいに減少し，生活を冠した学科名称が増加してきた．家政の名称はどうも不人気のようである．名称変更はそれに対する対策，適応行動のあらわれと考えられる[11]．1980年代，学問としての確立度を高めてきた家政学は，一方で教育研究機関における志願者の減少と学部学科の改組により，危機に直面している．これに学問構成を対応させると，例えばわれわれがここで対象にしている学問は広義の生活科学であり，その内部に生活環境科学もしくは衣食住の自然科学を主とする狭義の生活科学と，人文・社会系を主とする人間生活学もしくは生活人間科学が含まれると考えることもできる．ここには家政はもはや表に出てこない．しかし，家政という名の学に人気がないとしても，家政そのものの重要性がなくなるわけではない．広い生活の総合的学問の中に家政，家庭生活の学を位置づけた学問構造の再構築が大切である．また今後，名称も含めた学問理論全体の再検討が必要になるのではないだろうか．

c. 家政学の活性化へ向けて

バナール（J. D. Bernal, 1954 年）によれば，経験の諸分野が科学の中に入ってくるには大ざっぱに一定の順序があり，数学，天文学，力学，物理学，化学，生物学，社会学へと（広い自然からしだいに身近なものへ）進むという（技術の歴史はこれとほとんど正反対の順序を踏んでおり，社会組織，狩猟，家畜，農業，窯業，料理，衣料製作，冶金，車両と航海，建築，機械，機関へと進んできたという）[18]．科学の発達順序からみて，この次にくるのはおそらく生活に関する科学，さらに家庭に関する科学の発展ではないだろうかということを考えさせる．これまでの科学史の書物には家政学への動きの記載はない．家政学は先進諸科学を基盤にしてその上に育つものであり，また人間の最も身近かな問題を扱うために，社会科学よりも後に発達していくものであろう．現在われわれが家政学といっている学問は最も新しく，21世紀に発達していく科学，これから科学史に登場してくる学問ではないだろうか．

激動する現代日本社会において，われわれは生活行動の変容によって環境へ適応しようとする．新しい環境変化を積極的に利用する．すなわち，インターネット，電子メール，携帯電話，産業ロボット，高速運輸システム等々の活用である．超近代都市（アーバン）生活と田園（ルーラル）生活の融合両立であり，山奥に住んで丸ノ内と同じ仕事をすることができる．一方，激変社会に不適応で，居住社会を変えて（伝統社会に行き），生活行動を変えないですます方式もある．また，激変社会の中に伝統的生活行動を残す生き方も可能かもしれない．しかしそのとき，家庭は重要な場として機能できないであろうか．家庭は古くから生命再生産の場であった．くつろげる，昔からの行動ができる場だった．それを保ちつつ，ハイテク機器を使い，社会の最先端ともつながった行動を行う場でもある，そういうことができないだろうか．すなわち，家庭を中心とした生活行動に適応と変容の根源が存在するかもしれない．かかる視点から独創的で魅力ある，家庭，家政を中心とした生活の総合的研究を発展させることができないであろうか．

〔富田　守〕

文　献

1) クーン，T. S.（中山　茂訳）：科学革命の構造，みすず書房，1971
2) マリノフスキー，B.（姫岡　勤・上子武次訳）：文化の科学的理論，岩波書店，1958
3) 富田　守：生体負荷による直立姿勢の変化時の下肢筋活動様式，人類学雑誌，**87**, pp. 113-118, 1979
4) 富田　守：働態研究におけるモデル実験の問題点，人類働態学会夏の合宿談話会，1978
5) 富田　守：若い科学者の心得についてカハールが述べていること，およびそれに関連して私が考えること，思い出すこと，家政誌，**38** (2), pp. 169-172, 1987
6) 富田　守：家政学を考える，日本家政学会誌，**44** (2), pp. 161-165, 1993
7) 住田和子：「家政学」概念の形成，家政学原論論文集，家政学原論部会，pp. 15-18, 1988
8) 中原賢次：家政学原論，世界社，1948
9) 日本家政学会：家政学における大学設置基準に関する特別委員会―家政学における大学教育充実のための指針，家政誌，**42** (4), pp. 391-395, 1991
10) 川端晶子：20世紀の家政学から21世紀の家政学へ，家政誌，**44** (6), pp. 505-512, 1993
11) 日本家政学会：家政学将来構想 1994，家政誌，**45** (5), pp. 451-478, 1994
12) 関口富左：家政哲学，家政教育社，1977
13) 山本キク：家政学の意義，家政誌，**22** (4), pp. 216-222, 1971
14) 日本家政学会編：家政学将来構想 1984，光生館，1984
15) 佐藤真弓：「家政学雑誌」掲載報文の引用分析よりとらえた家政学の特質，家政誌，**42** (11), pp. 927-936, 1991
16) 佐藤真弓：「家政学雑誌」における報文数および報文内容分析，家政誌，**42** (11), pp. 937-948, 1991
17) 富田　守・神部順子：大会と会誌の発表数にみる家政学内部領域の片寄り，日本家政学会第51回大会，1999
18) バナール，J. D.（鎮目恭夫訳）：歴史における科学，みすず書房，1966

2. 日本の家政学のあゆみ

2.1 家政学の史的区分

　家政の営みは人類の歴史とともに古い．しかし，家庭教育となると，女子教育の内容に家事・裁縫を加えて行っていたため，それが学問となるまでには長い歳月を要している．しかも，科学としての家政学が成立するのは，昭和23年新制大学が発足し，女子大学が設置されてからである．

　この間，江戸時代より明治・大正・昭和戦前とわたる間にも，「家政学」，「家庭科」で扱われる内容は，「学」としては未分化であり，扱い方はきわめて曖昧なものがあった．したがって史的区分の方法も，初期の家政学では女子教育・家庭教育は良妻賢母を養成することが主眼であり，儒教的封建思想を根底にもった倫理的教育でもあった．

　一国の家政学ないしは家庭科の発達は，国の歴史的・社会的背景に影響されていることが多く，これらに関しては多くの文献から理解することができる．

　家政学の歴史的区分について，亀高京子は『新家政学』(1986)の中で，家政学の形成過程における社会的背景を対比させながら，① 家政学の胎動期，② 家政学の未成年期（家政学萌芽の時代，家政学研究分化の時代，家政学の戦時体制下時代），③ 家政学の成年期（科学としての家政学誕生の時代，家政学発展の時代），とその区分を明確にしている．

　一方，常見育男は『家政学成立史』(1971)の中で，① 家政学源流時代，② 家政学誕生の時代，③ 家政学分化の時代，④ 家政学変容の時代，⑤ 家政学復興の

表2.1 家政学の発展と社会的背景

	家政学の形成過程	社会的背景
学制以前〜	・家政学草創期 ・良妻賢母主義教育 ・儒教思想を中心とした三従の女子教育 ・男尊女卑、裁縫、礼法、孝順の徹底 ・西洋衣食住(教科書)―慶応2年	・身分的階級制度が厳しい ・公私・表裏(奥)の区分、たて社会の継承 ・鎖国・宗教の統制
明治5年〜大正2年	・学制頒布、国民哲学、小学校義務制 ・女子教育に家事・裁縫導入 ・翻訳文献 ・伝統的家政書・翻訳的家政書・日本の家政書などの使用 ・日本女子大学校家政学部設置(明34、AHEA設立より7年早い)	・近代資本主義社会、欧米思想の導入、思想宗教の自由、人間平等、個人主義 ・生活様態の西洋化
大正3年〜昭和5年	・家政学分化、家政の理化的研究、理科家事、栄養の研究 ・家政の経済的研究、『家事経済学』消費経済研究 ・家政の住居的研究、『応用家事精義』(住居篇) ・家政の総合的研究『生活問題』、生活の経済的研究『家庭管理法』	・大正デモクラシー、自由主義、社会主義思想高揚 ・男女同権運動、女性の職要求、普選運動 ・関東大震災
昭和6年〜昭和21年	・国民生活構造の解明『国民生活の構造』 ・家政学再生と支柱『社会政策基本問題』 ・文献・『家庭管理と家事経済』論文・『新家政学』、『日本家政学』など著される	・世界恐慌、満州事変、支那事変 ・第二次世界大戦、軍需生産、食糧増産 ・軍国主義思想・弾圧統制下、学問・思想・言論の統制 ・敗戦(昭20.8.15)、新教育制度〜準備
昭和22年〜昭和44年	・家政学分野における女子大学が許可 ・日本家政学会設立、家政学領域の研究始まる ・家政学の自然科学的研究 ・家政学の社会科学的研究 ・家政学原論の研究『家政学原論』が著される	・日本国憲法公布・施工、民法改正 ・民主主義思想へ転換、言論・学問の自由 ・男女同権、婦人参政権 ・6・3・3・4新学制度実施(教育基本法、学校教育法) ・女子大学設置、短期大学制度実施 ・高度経済成長へ、GNP急成長 ・経済・産業構造の変化
昭和45年〜昭和54年	・家政学原論諸説の発展・展開 ・アメリカ家政学成果の導入 ・家政学原論研究最盛期 ・科学的家政学への試み ・『家政哲学』の出現	・高度経済成長から低成長へ ・石油ショック、欠陥商品、公害問題 ・自然環境破壊へ ・「ディスカバー」流行
昭和55年〜昭和63年	・今日的家政学の動向 ・日本家政学会『家政学将来構想1984』 ・学際科学へ発展 ・家政学関係翻訳書 ・「ホーム・エコノミックスの学際的特質と構造について」松下論文	・生活価値を守る、「心の豊かさ」を求める ・自然と人間の共存、「郷土文化の研究」盛んになる ・老人問題の台頭 ・男女雇用機会均等法施行 ・円高・ドル安時代
平成元年〜	・家政学パラダイム論の台頭 ・データベースによる家政学研究分析 ・21世紀における家政学の視点 ・家政学と環境―エコライフの創造 ・岐路に立つ家政学―アメリカ家政学の動向	・米・ソ冷戦に向けて動く ・EC統合へ ・バブル経済崩壊 ・高齢社会から超高齢社会へ ・特殊合計出生率1.34最低へ(平12.6)

時代と区分しながら，古い家政学と家庭科時代の特質，新しい家政学と家庭科時代の特質をとらえている．

双方とも，家政学の形成過程に影響を及ぼしたとみられる事柄を，その理念，特質，社会構造の背景などを追求しながら，時代区分を行っているため，その経緯を知るうえで非常に理解しやすい．本章でも，おおよその区分に従いながら表2.1 を作成し，日本の家政学のあゆみにつき解明していきたい．

2.2 「学制」以前の家政学

今日の女子教育を隆盛させたものに家政学教育がある．この家政学教育は江戸～明治初期へかけての教育転換期においては，今日の家政学領域におけるものとはかけ離れていた．当時，封建時代の社会構造では，女子に学問を授くより「家」，「家風」，「伝統」を順守する家政理念が優先する観が強く，政治・文教の中心であった江戸でさえ，学問の場では女子は不必要[*1] とされていた事実をみても容易に理解できる．当時幕府が考えていた女子教育は，「従」の道徳を規範とする儒教の精神を旨としたものが支配的であった．なかでも，女訓書にあらわれている内容は，忍従と勤労を説いたものが多かった．

「……家を守るべきは志直にして毎事我を立てず，夫の心に従ふべし．それは天は陽にして強く男のみちなり．地は陰にして柔に女の道なり．陰は陽に従ふこと天地自然の道理なる故，夫婦の道を天地にたとへれば夫を天の如く敬尊ぶは是即ち天地の道なり」（『女今川』）．

「婦人の幼けなき時は親に従ひ，壮の節は夫に従ひ，老ては子に従ふを三従の道といふ」（『女中庸』）．

「妻は夫をあがめ敬ひ大切にして食物・衣服などの内証の世話をやき，夫に対して悋気妬みの心なく，夫一人の外には他人をいたづら事せず，夫の仕方は如何ほど悪くとも夫を恨みず心変りせず，死ぬとも夫の家を出ず，一筋に夫のために思ふを貞女と云ふなり．是妻の法なり．……」（『家訓』）．

「女は夫の家を我が家とし，夫婦一体の理りなる故に，夫の父母を我が父母とし，我が父母を大切に思ふ心を移して，夫と一味に孝を尽す婦人の孝行といふ」（『鑑草』）．

内容は，いずれも家のため，夫のために忍従することが常に強調され，家訓に従うことが家政の根底にあったことが通観できる．常見育男は，『家庭科教育史』(1972) の中で多くの女子教訓書を次のとおり大別している．

① 直訳的女子教訓書：　女誡，女論語，内訓，女範，女孝経
② 模範的女子教訓書：　前記女四書の改作模倣
③ 創作的女子教訓書：　鑑草，大和女訓，家庭指南姫鑑，松蔭，女子教訓，
　　　　　　　　　　　象山女訓

などである．

「学」以前の家政書は当時きわめて少ないが，家政論の代表的なものに貝原益軒の『家道訓』がある[*2]．この中で用いられている家政とは，①家を治める，②家を保つ，③家をととのえる，ことなどをあげており，さらに「家を治むるは国を治むるに同じ，財を用い人を用ゆ．此二事をつつしむべし」としたことは，現代の「家政」や「家庭経営」より広義にとられていたこともあった．このような益軒のいう家政とは，広く「生活の原理」[*3] としたものがみられ，人間が生きていくための特質を，時代に適応させるため内容に広汎な事項を盛り込んでいる．しかも，家風厳守・父系絶対・倹約中心・身分的分限的家政はその特徴でもあった．

武士階層の女子教育は，独自の深い精神鍛練を必要とし，他方，庶民階層では，家業を夫とともに分担し，夫の手のとどきかねる方面においては，間接に家職に協力し，家業にそくしながら，共同体を築いていくための教育も施されていた．こうして江戸時代の女子教育は，学制が成立するまで主として家庭内で行われていた．上流武家では乳母が教育し，一般武家においては母親がこれにあたった．教育方針は，武家道に基づき道徳を重んじ，躾を厳格に行ったのである．

一方，少数の町民・庶民の子女は寺子屋に学び，裁縫教育（実技）は針師匠に学んだ．熊沢蕃山は，『人物研究業書』や『女子訓』の中で，「裁ち縫の技と衣服処置のいかんに家運の盛衰（傍点筆者）がかかっている」とさえいわれたように当時の女子教育は，個別教育が施されていた．

こうした「学」以前の家政教育は，家政が教科にもなりえず，いわゆる家事を通じた伝統的訓育が行われた．裁縫を学ぶにしても，単にお針の技術を学ぶことのほかに，女子として大切な躾を積むために，師匠の家で住み込み教育も受けて

いた．すなわち，当時の家政・女子教育の中心は，家庭における躾，寺子屋における手習い，師匠について技術（裁縫，手芸，茶道）などを教わることが特色であったといえる．

注

*1 幕末の儒者，東条琴台は孫娘（後の下田歌子）が読書にふけり，詩歌を詠ずることを知って，それを禁じ裁縫，掃除など課していた（『下田歌子伝』，p. 55）．また，山川菊栄『武家の女性』(p. 39) などにも，女に学問させると縁が遠くなるとか，よい血筋を他家へもっていかれるという理由で嫌っていた．
*2 貝原益軒は，晩年自らが著作法，教訓書を有朋堂文庫本に2冊にまとめ，『益軒十訓』として収めている．すなわち十訓とは，家訓，君子訓，大和俗訓，楽訓，和俗童子訓，五常訓，家道訓，養生訓，文武訓，初学訓である．
*3 『家庭科教育史』(1972)，p. 28 で「家を保つの道は勤と険との二にあり．四民共に勤むれば，家業よくおさまり，財禄を得るの基となり，家事よくととのほり，家治まる」としたのである．

2.3 明治時代の家政学

日本に本格的な女子教育が生まれてから100余年になる．明治4 (1871) 年，華族の教育についての奨学勅語の中に「……我邦女学ノ制未ダ立タサルヲ以テ婦女多クハ理事ヲ解セス，殊ニ幼童ノ成立ハ母氏ノ教導ニ関シ，実ニ切緊ノ事ナレバ……」と女子の教育の必要性を説いている．しかし，具体的には「学制」施行の着手順序が示され，その方法が明確に打ち出されたことに始まる．

a．「学制」直後の女子教育

明治時代は文明開化といわれるとおり，封建社会から脱皮し，新しい近代国家の形成に向け急速な進歩を遂げた時代である．ことに鎖国が解かれた以後は，東西文化と接触する中で，社会生活・家庭生活など欧米先進諸国の影響を強く受けた時代でもある．こうした中で改革された諸制度で代表的なものは，① 身分階級制の撤廃（平民にも苗字を許す），② 思想・職業の自由，③ 学制頒布（国民皆学の理念）などがある．

政府は明治5年6月，学制頒布に先立ち，その施行計画の中で「一般ノ女子男

子ト均シク教育ヲ被ラシムヘキ事」（日本教育史資料書 5, p. 138）と女子教育にきわめて積極的な方針を打ち出し，小学校では男女の別なく就学の機会を与えることを考えた．

それというのも，江戸時代における幕府の直轄学校や藩校は，武士階級を対象とする教育を目的としていたため，西欧化の潮流において女子も男子同様に学問をさせようという気運が起こり，一部外国人宣教師によって，学制頒布に先立ちプロテスタント系およびカトリック系女学校の設立（東京都史紀要, 1961）が目立ち，その教育が後世に与えた影響は大きかった．

例えば明治3年，カロザース（Christopher Carrothers）により築地にA六番女学校[*4]が，キッダー（Kidder）によって横浜に女学校（フェリス女学校前身）が，それぞれ開設された．これらはわが国では最初の女学校であるが，A六番女学校は，カロザースが広島に転任になるために，明治9年廃校となり（会田, 1964），生徒はB六番女学校と原女学校に分割[*5]された．

明治5年9月5日，近代教育史上きわめて重要な意義をもつ学制が頒布された．これは，わが国における学校教育を制度化したものとしては，あまりにも有名である．すなわち，私塾・寺子屋などの教育に対し，行政面から手直しを加え，新しい学校体系を構想し実施した．

新しい学校体系は，大学・中学・小学の3段階を普通系統とし，その他教員養成系を目ざす師範学校としたのである（高等師範学校が定められたのは，明治19年である）．当時の家政教育とみなされるものについて考えると，学制26章の女児小学規定は，「女児小学ハ尋常小学教科ノ外ニ女子ノ手芸ヲ教フ」とし（後述），「邑に不学の戸なく家に不学の人なからしめんことを期す」[*6]とし，小学を全国に設置する計画を立てた．小学は「教育ノ初級」で「人民一般必ス学ハスンハアルヘカラサルモノ」であり，これを尋常小学，女児小学，村落小学，貧人小学，私学私塾，幼稚小学の種類として示した．

しかし，現実は思うようにならず，就学率は低調で，女子にいたっては明治6年の時点で15％と非常に低かった．この事態に対する反省は明治12年の教育令，13年の改正教育令と続くが，それでも就学率は依然として伸び悩んでいた．当時学制には，中学の規定はあるが，女子学校の規定はなく，明治15年7月東京女子師範学校予科を廃し，付属高等女学校を設置したのがその名称の始まり

で，結局明治24年中学校令の改正が行われた際に，高等女学校に関する1条が加えられ[*7]，その後明治28年に高等女学校規程が定められ，ようやく法的整備がなされたのである．

「学制」前後は，種々なる女学校が創立された時期でもあった（表2.2参照）．女子教育の中には，家政教育ないしは家政以前の教育もあったが，前述のように，女学校に対する規定がなかっただけに，新しい息吹を与えたことは事実である．ことに，キリスト教婦人宣教師達は明確な理想を掲げ，布教の教会をバックにミッション系女学校を創設したことは特色があった．

当時日本はまだ文明の遅れた日常生活であったため，精神的な抵抗も強く難事もあった．しかし，宣教師達が創設した女学校は，開学するといずれも多くの女生徒が集まったのである．常見育男（1959）は，当時の女子教育形態を教科課程から大別し，①普通科偏重型，②家庭科尊重型，③両科併合型の3類型に分類

表2.2 「学制」頒布前後の家政教育内容（武井・岡村，1969）

明治	女学校名	設置目的	家政教育
3年	キッダー女塾	キリスト教伝道	手芸（西洋編物・刺繍）
4年	ミッションホーム	家庭塾伝道	家政
5年	東京女学校 永交女塾 新英学校および女紅場 開拓使仮学校 女学校	英学教授 英学教授 華族子女教育 開拓者養成	手芸 裁縫 和洋女紅 裁縫・手芸
7年	女子小学校	キリスト教伝道	裁縫・割烹
8年	三浦女学校	普通英語学教授	裁縫
9年	河村女学校 京都府女学 中尾女学者 桜井女学校	 漢学故授 キリスト教主義	衣服裁縫 読物・割烹諸書・家政要旨 諸礼・割烹諸書 西洋裁縫 裁縫・教則 ハウスホールド・インファンシー ハウスホールド・エコノミー ハウスホールド・マネージメント
10年	立教女学校 梅花女学校	英学 キリスト教主義	裁縫 倭洋裁縫
12年	栃木県第一女子中学校	普通科学	手芸

し，同時にこうした分野を通し明治時代の教育史も考察しているが，ここでは割愛する．

　ミッション系女学校の多くは，その類型からみると「普通科偏重型」であり，男子と同等の学習が授けられる内容であった．なかでも，語学教育を施していたものは，いずれもレベルが高く[*8]，旧体制が崩壊し，文明開化が叫ばれる中で，洋学ブームの時代の潮流にのったものといえよう．女子がミッション系女学校に通ったことは，宗教心というよりは，向学心の方が強くあらわれていたものと推察できる．

　明治15年頃からは，しだいに良妻賢母主義的になり，手芸，家事，家事経済，育児を加えながら，家政的傾向をおびてくるのである．こうした中でミッション系女学校では，創立当時から外人を雇い，西洋女紅，西洋裁縫，西洋手芸なども教えた（常見，1959）．一方，官立女学校は，政府の意志によって設置されたが，あまりにも偉大な計画で理想を追うあまり基盤は弱かった．

　「家庭科尊重型」[*9]とは，いわゆる明治初期における手芸学校で，女子の特殊性を生かした，家庭的技能を学習教科の中心に置いたものであった．しかも普通科偏重型とは対照的なものであった．個性を尊重し，個人解放の教育観に立った教育理念から少しずつ遊離しはじめ，やがて国家主義施策の方向へ傾斜していく．この型の女学校は，名称，性質，内容がきわめて複雑であり，私立官立を問わず，この時期は試行の連続であったことが，文献を通して如実にみることができる．そして幾多の変遷過程を経て今日に至る．

　「両科併合型」とは，前述の「普通科偏重型」と「家庭科尊重型」を併合したものである．これは，当時の社会状勢からみて，必ずしも双方の型を是としたわけではない．いずれも深い欠陥があったため折衷型を考案し，両者の長所を採択し，短所を改正したものである．ことに明治15年，婦徳の養成・賢母の教育を盛り込んだ高等女学校教則大綱を制定し，女子教育における家政教育の指針をしだいに明らかにするのである．

b.　教科書内容にみられる家政教育

　国民皆学や後の義務教育を目ざした近代教育制度の中で，実際に行った一般的教科内容は次のとおりである．尋常小学校下等では「綴字，習字，単語，会話，

読本，修身，書読，文法，算術，養生法(傍点筆者)，地学大意，理学大意，体術，唱歌」の14教科であり，上等小学では，さらにこれらのほかの，「史学大意，幾何学，罫画大意，博物学大意，化学大意，生理学大意」の6教科を加えている．ことに，女児小学では尋常小学のほかに，女子に手芸を加えたのである．

当時「手芸」とは，手先でする技芸で，手工，手技，手細工と同じ意味があった．それゆえに，上等小学で教科として加えた手芸とは，今日いわれている手芸でなく，裁縫，編物，袋物など「女の手業」一切を含む広義に使用されていたのである．このように女児小学教科に「手芸」を加えたことは，当時すでに男女の教育を区別したことになる．

明治12年9月「教育令」が公布された．これにより女子のために地方で必要とする科目を設けてもよいとし，翌13年12月に教育令を改正した際「女子のために裁縫等の科目を設くべきである」と規定した．明治14年5月，「小学校教則綱領」が出されると具体的に小学第4学年から第6学年中等科までは「裁縫」，第7学年から第8学年高等科までは「裁縫」，「家事経済」の大意を授ける方針が明らかになった．その内容は次のとおりである．

小学校教則綱領 （明治14年5月4日）

第一条　小学校ヲ分チ初等中等高等ノ三等トス
第二条　（略）
第三条　小学中等科ハ小学初等科ノ修身，読書，習字，算術ノ初歩及唱歌，体操ノ続ニ地理，歴史，図画，博物，物理ノ初歩ヲ加ヘ殊ニ女子ノ為ニハ裁縫（傍点筆者）等ヲ設クルモノトス
第四条　小学高等科ハ小学中等科ノ修身，読書，習字，算術，地理，図画，博物ノ初歩及唱歌，体操，裁縫等ノ続ニ化学，生理，幾何，経済ノ初歩ヲ加ヘ殊ニ女子ノ為ニ経済等ニ換ヘ家事経済（傍点筆者）ノ大意ヲ加フルモノトス
第五条～第二十二条　（略）
第二十三条　裁縫ハ中等科ヨリ高等科ニ通シテ之ヲ課シ，運針法ヨリ始メ漸次通常ノ衣服ノ裁方・縫方ヲ授クヘク，家事経済（傍点筆者）ノ高等科ニ至テ之ヲ課シ，衣服洗濯，什器，食物，割烹，理髪，出納等一家ノ経済ニ関スル事項ヲ授クルベシ，凡裁縫家事経済ヲ授クルニハ民間日用ニ応センコトヲ要ス」

ここで初めて女子教育の教科に関する具体的内容を法規をもって明確にした．しかもこれは，「家事経済」がきわめて広い範囲の内容をもつものであり，「一家の始末」や「一家のやりくり」など，現在いう「家庭経営」を意味していたの

である．こうして家事経済の大意を加えた新しい見解を出したのである．また当時，主に使用されていた教科書に『家政小学』，『厨の心得』，『女範』，『家事経済訓』，『家事経済論』，『小学家事経済訓蒙』，翻訳本では『家事要法』などは有名である（後述）．

明治19年いわゆる「学校令」が公布され，ここで初めて近代教育における学校制度が整備された．高等小学校では，「裁縫」の科目が女児のみに課された（「家事経済」はなくなる）．明治24年の「中学校令」改正（勅令）で高等女学校が法制上に初めて規定されるが，教育課程が明示されたのは，明治28年公布の高等女学校規程により，「家事・裁縫」が置かれてからである．続く明治32年に「高等女学校令」が制定され，それに伴う「高等女学校ノ学科及其程度ニ関スル規則」において教育課程が改正された．

また明治34年，「高等女学校令施行規則」が出て，とにかく整わなかった女学校の法令を整理して法制上，形式上，中学校と同等に位置づけられることとなった．明治36年に定められた「高等女学校教授要目」の内容はいずれも家事，裁

表2.3 明治期普通女学校の教科の変遷（神辺，1969）

明治4〜6年	明治9年	明治15年	明治28年	明治32年	明治34年
国書	読物	修身 読書 作文書取 — 作文	修身 国語	修身 国語 （漢文）	修身 国語
英学	英学	英学	外国語	（外国語）	（外国語）
		地理	地理	地理	地理
		本邦歴史 — 歴史	歴史	歴史	歴史
	数学	算術	数学	数学	数学
		博物 物理 化学	理科	理科	理科
		習字	習字	習字	習字
		図画	図画	図画	図画
唱歌	音楽	音楽	音楽	（音楽）	
	体操	体操	体操	体操	体操
		礼節 家政 育児	家事 裁縫	家事 （教育） 裁縫 （手芸）	家事 （教育） 裁縫 （手芸）
手芸	手芸				

（　）は場合により欠いてもよい教科，または選択教科．

縫, 手芸の 3 教科目が課されている．以後，明治 43 年の改正で実科高等女学校が設けられ，「理科及び家事」と「裁縫」の科目が置かれ，技芸的実技が重視されてきた．その後，昭和 7 年までの教科目の改正は 3 回（明治 41 年，大正 9 年，昭和 7 年）行われているが，大きな変化はなく，この時期を高等女学校教育課程の確立期とみることができる．

明治年間の普通女学校の教科の変遷を参考までに掲げておく．表 2.3 でみる限り，明治 4～9 年までは「手芸」，明治 15 年までは礼節，家政，育児，裁縫があり，明治 28～34 年に家事，裁縫に統合されていることが理解できる．したがって初期の家政教育は，「女の手技(てわざ)」一切を含める広義のものから，やがて家事・裁縫を中心とするものへと形成されていく．

c. 家政教育に影響を与えた翻訳家政書

明治初期は，家政教育に多大な啓蒙的役割を果たした家政学文献が多く出た時期でもあった．内容的には，家政学そのものについての論理の展開ではなく今日と比較するとかなりかけ離れた感はあるが，当時とすれば価値の高い文献書であった．

常見育男は，わが国の家政文献を，① 伝統的家政文献，② 翻訳的家政文献，③ 日本的家政文献（伝統的家政書と翻訳的家政書とを時代に調和させたもの）と 3 つの類型に大別している．なかでも翻訳的家政文献の慶応 3（1867）年片山淳之助訳『西洋衣食住』（福沢諭吉の翻訳本であるが，当時の世相から弟子の片山淳之助の名を使用して出版している），明治 7 年永田健助訳『家事倹約訓』，明治 9 年永峯秀樹訳『経済小学家政要旨』，同年穂積清軒訳『家内心得草』，明治 14 年海老名 晋訳『家事要法』[*10] などは，あまりにも有名である．

例えば，ビーチャーおよびストウ共著の『家事要法』の内容は，裁縫教育，住まい方の教育，世帯のまかないなどについて，少なからず影響を与えていたことは見逃せない．ビーチャーの人となりについては，詳細な研究があるが，彼女の家政学は，新しい観点から広域な哲学，経済，化学を含めたうえにさらに，家庭生活の諸問題を解決するために，生活の実践的訓練を積むことが重要であるとも考えていた．

裁縫の実技指導を徹する中で，従来の着物の部分名称，裁ち方指導，縫い方に

加え，新しく雛形を用いて指導した教授法がある[*11]．これが著名な『家事要法』の中にあり，ビーチャーとストウの影響によるところが大きい．後に，黒川広子編輯『小学校裁縫付属・運針及裁形・縫方』の中にも，特異な指導資料として用いた雛形（4分の1）があるが，まさにそのあらわれであるといえよう．

実際の指導にあたっては「……新聞紙ヲ細長ク裁切リセシメテ，其眼力ト指力トヲ練習スルナリ」（ビーチャーとストウ，1881）．さらに練習を重ねうまくこの課程を終え，時間的に余裕のある場合には「……之ヲ遊戯ニ費サシメテ以テ之ヲ賞ス」（ビーチャーとストウ，1881）とある．このように，学校の生徒，あるいは一家の娘に裁縫を教えるためには，まず「……衣裳の雛形を紙で裁ち切り，何回も練習させ，形にして，製らすこと……」（常見，1984）を考案したのである．

同様に縫い方も，「……練ヲ貫カサル針ヲ用ヰテ紙ヲ刺シ……習業シ終レバ生木綿ヲ出シテ」，実際に仮縫いさせた後，本縫いに入る方法をとった．洋服の縁取りを教える場合でも，まず生徒に「……新聞紙ヲ三寸四方ニ剪リ，其ノ四辺ヲ折リ目正シク折シタ後……生木綿ヲ出シテ縁ノ縫方ヲ教フ……」（ビーチャーとストウ，1884）と，ここでも形状端正に製作させるための手段と方法を，雛形や実践的な技術指導を用いれば，理解も早いとするアメリカ家政教育の一端を垣間みることができる．

またビーチャーは，女子の大学教育を推進させるためのひとつの手段として，女子の経済的独立を目ざすことも念願していた．これは，後にコロンビア大学教授イザベル・ベビーアの著書『教育における家政学』で明らかにされている．内容は，アメリカ女子大学協会が企画した，女子工芸大学の付属施設として「実習の家」を置き，そこでの家庭経済的な管理を実習させた教育成果をまとめたものである．前述の実践的訓練を積まなければ，教育効果は期待できず，家庭の諸問題も解決することはむずかしいと考えた結果のことである．

「実習の家」での学習方法は，新しい形式による実践教育として，その影響は日本の家政教育にもあらわれたのである．明治20年頃から西欧志向の家政教育が展開されはじめると，東京高等女学校（現・お茶の水女子大学）では，日本で最初に「実習の家」を設置し，「西洋家屋での家事練習」を行ったことが最も古いとされている[*12]．

アメリカに比較すれば遅れていたが，当時とすれば，この西洋家屋の模型で実

習する割烹，裁縫，接客方法，ダンスパーティーなどはどれも珍しく，西欧志向の家政教育の一端となって影響していった．ビーチャーの女子教育の主眼である経済的自立を目ざすための具体的・実践的訓練内容が，この種の家庭管理実習館[*13]で実習されていったことは，注目に価する．

こうしてわずかずつではあるが，しだいにわが国の家政学の教育にも影響を与えはじめたのである．単に伝統的な家政教育を学ぶことではなく，諸科学を実践的に学んでこそ効果が期待できることを，早くから家政教育に取り入れようと唱導していたことが理解できる．

明治26年には，下田歌子により『家政学』（上467ページ，下542ページ）が刊行され，家政学全般を網羅し，以後34年までに9版を重ねるのである．当時はまだ「科学としての家政」，「教育としての家政」，「文献集などにみられる家政学の内容」は依然整理されていないまま用いられていた中では，下田歌子の『家政学』の出現により，一応整備し系統化したとみることができよう．

明治後期は，家政学研究のために留学者を派遣した時期でもある．後の日本における女子教育者の成瀬仁蔵[*14]（アメリカ），安井哲[*15]（イギリス），大江スミ[*16]（イギリス），井上秀子[*17]（アメリカ）らの留学は有名である．成瀬仁蔵の女子高等教育論に対する考えは，明治24～26年のアメリカ留学時代に萌芽している．彼に大きな影響力を与え具体化しようと大志を抱かせたのは，レッビト夫人によるところが大きい．すなわち，成瀬が捜し続けていた「誰か賢い婦人に会ひしや…」という理想の女性像が彼女であった．婦人・家庭・女子教育に関する構想は，早くも明治24年2月13日の日記（妻宛の手紙にも明記）に「女大学ヲ設立スルコト」として明記してある．女子を①人として教育，②婦人として教育，③国民として教育を施すことを最高の目的としたのである．

注

[*4] カロザースは宣教師で明治2年6月来日．横浜で英学塾を始める．当時外人女性教師という珍しさもあり，たちまち数人の生徒が集まった．なかには一人の少女がいたが，女子には教えぬということから，彼女は男装して通学していた．しかし，あるとき黒板に少女は"I am a girl"と書いたため，カロザースは女学校の必要を感じ，明治3年に女学校を開設している．

[*5] 『女子学院五十年史』，pp. 8-9.

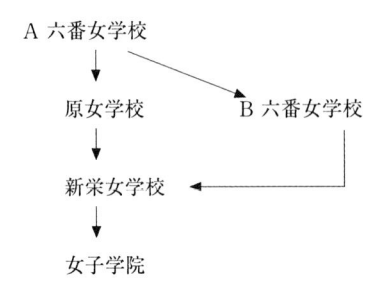

```
        A 六番女学校
           │     ╲
           ▼      ╲
        原女学校   B 六番女学校
           │         │
           ▼         │
        新栄女学校 ◄─┘
           │
           ▼
        女子学院
```

*6 「学制」頒布に際して出された大政官布告第 214 号「家事奨励に関する被仰出書」.
*7 中学校令十四条「高等女学校ハ女子ニ須要ナル高等普通教育ヲ施ス所ニシテ尋常中学校ノ種類トス」.
*8 大江スミは,東洋英和女子学校在学中(明治 22 年入学,同 27 年卒業)のことを懐古し,「ミッションスクールのため,英語がむづかしくよく泣いたものですが,女高師では,そのため苦しんで泣いたことはありません.むしろ英語は,校長高嶺秀夫先生で,私だけが一つ上の級に入れていただいておりました……」と東京家政学院後援会『大江スミ先生』の中で述懐している.
*9 家庭科尊重型には,① 跡見女学校型,② 普通女紅場型,③ 女子職業学校型,④ 女子手芸学校型,⑤ 裁縫女学校型があり,その学校数ならびに生徒数も多くみられる.明治 12 年以降には,「女紅」とういう教科名はしだいに減少し,同 15 年頃から,「手芸」も名称が変わって「裁縫」という新名称を使うようになる.
　　女紅とは,女工と同義語で女性の手技という意味である.今日の家庭科の内容である家事,裁縫,手芸などを指す.女紅場ははじめ関西で起こった.明治 5 年新英女学校および女紅場が,京都府にイギリス人ボルニピ,イーバンス夫妻により開設される.東京でも同じ頃,同じ計画が慶應義塾の衣服仕立局にあったことが,同塾百年史に明らかにされている(pp. 611-612).
*10 世界最初の家政書といわれるビーチャー著『家政の原理(Principle of Domestic Science)』は 1870 年にアメリカで刊行されている.その後妹のストウの協力で書いた訳書が『家事要法』である.
*11 雛形を用いて教授する発想の背景は,アメリカでは 1877 年にすでに始まっている.松下英夫著『新家政学原論』の中でも,「模型の小間物を通じて指導し,後に実物で教授する手段と過程の重要性は,教育効果を高めるために必要である」と,ビーチャーの文献を通じて指摘している.
*12 『女学雑誌』第 67 号(明治 20 年 7 月 16 日)には,「今度,日本の家事は裁縫の一科に止め,他は西洋風の家事を教ふるの趣意にて,東京高等女学校内に,洋風の家屋を新築し,外国中等の住居に適当したる装飾をなして外国婦人の教師を住まわせ,自国の生活を為さしめ,割烹,裁縫,接客の方法などをはじめ,一切の家事経済に関することを習はしめる」と,西洋家屋での家事練習と題して掲載している.

*13 キャサリン・ビーチャーは，1882年，コネチカットのハートフォードでDomestic Economyの教授の必要性を感じて，女学校（私立）を創設した．そしてマネージメントハウスの原型ともいうべきpractice houseを，家事実習用として利用することを唱導したことは，当時画期的な考え方として注目されたのである．

*14 明治24～26年までアメリカに留学．帰国後は，梅花女学校校長（再任）となり，同校で学則を考案し，家政学＝家庭教育・家庭経済，家庭衛生および看護法，家庭美術，家庭雑事（洗濯ならびに料理実習）等々を取り入れ，新しい家政学の構想を打ち出して実現させている．これは，やがて日本女子大学校設立の骨子となる．

*15 明治29～33年までイギリス留学．留学中の研究は，教育学が中心であったが当時の報告書のコピー資料の一部が，お茶の水女子大学「女性文化資料館」に保存してある．

*16 明治35～39年までイギリス留学．宮川寿美（旧姓）は東洋英和女学校→東京女子高等師範卒業後，大江氏と結婚して東京家政学院を創設するが，留学時の教育が後の家政教育となる．

*17 明治40～43年までアメリカ留学．コロンビア大学，シカゴ大学で学んでいた当時は，ちょうどレイク・プラシッド会議（LPC）が結実し，アメリカ家政学の胎動期であった．特に帰国後は，家庭管理が家庭の行政にかかわる問題を包括する，社会科学とする概念を打ち出し，『家庭管理法』を公刊する．

2.4　大正・昭和初期の家政学・家政教育

a．家政学研究分化のきざし

　大正初期の社会情勢は，第一次世界大戦が勃発し，日本はちょうど漁夫の利を得るように一時的な好況期を迎える．しかし，長くは続かず反対に経済恐慌の影響を受け，株価の暴落，銀行・会社などの倒産が続く中で，一転不況となる．ことに追い打ちをかけるように，関東大震災が起こるなど，深刻な社会問題が続出した世にいう大正デモクラシー時代でもあった．

　一方，家政教育および家政学研究は，ひとつの分化の時代に入ったとみることができる．食・衣・住の問題を個人的なレベルから社会問題に発展させ，かつ生活問題とした社会科学的に研究していく傾向が強くなってきた．なかでも自然科学的研究はめざましく，家政学領域で基礎科学を確立させることになる．

　例えば，生活の科学化，理化学的研究（食物，栄養），家政の経済的研究，住居面の研究，家政の総合的研究等々，広汎な分野での研究が行われ，著名な学者や研究機関[*18]が相次いで設立した時代でもあった．

表2.4 大正・昭和初期の家政書（仙波・亀高，1981）

自然科学関係 （食物，住宅，被服，家事科学関係）	社会科学関係
大江スミ『応用家事講義』住居篇，宝文館，大正4年	鳩山春子，鳩山薫子『家政』桜友会，大正6年
沢村　真『食物化学』成美堂，大正5年	森本厚吉『生活問題』同文館，大正9年
菱山衡平『実用衣類整理法』婦女界社，大正5年	甲斐久子『生活改善　系統的家政講話』文化図書刊行会，大正11年
石沢吉麿『家事応用理化学』日本書院，大正6年	橋本耕之助『家事能率の新研究』宝文館，大正13年
亀高徳平『家事応用理科講話』丸善，大正8年	松平友子『家事経済学』文書堂，大正14年
近藤耕造『家庭物理学12講』光風館，大正9年	松平友子『家事経済綱要』文古堂，大正14年
石沢吉麿『科学的家事講義』広文堂，大正12年	井上秀子『最新家事提要』文光社，大正14年
田所哲太郎『営養化学』丸善，大正12年	戸田貞三『家族の研究』弘文堂，昭和元年
石沢吉麿『家事実験法』目黒書店，大正14年	井上秀子『家庭管理法』誠文堂，昭和3年
佐伯　矩『栄養』栄養社，昭和元年	竹島茂郎『家事教育と国民生活』目黒書店，昭和3年
沢村　真『食物辞典』宝文館，昭和3年	

　特筆すべきことは，従来の家政経済的研究を，高所から国民経済と密接な相互関係を説き，しかも重要な影響を与えていることを指摘したものが刊行されたことである．家政学研究者側から松平友子『家事経済学』，井上秀子『家庭管理法』，経済学研究者側から森本厚吉『生活問題』[*19] などは労作といえる．当時の代表的な家政研究の文献は表2.4に示すとおりである．こうして，家政学も生活問題に焦点を当てながら，しだいに国民生活経済の社会的見地から，総合的な経営管理へと発展するのである．

　また，大阪市立生活科学研究所の発足がある．同研究所の源は，1906（明治39）年8月10日に大阪市立衛生研究所として設立したことにある．早くも1921（大正10）年4月に，大阪市立衛生試験所と名称を改め，1942（昭和17）年6月に大阪市立生活科学研究所となるのである．さらに1950（昭和25）年9月，大阪市立衛生研究所を経て1974（昭和49）年大阪市立環境科学研究所となり現在に至っている[1]．当時，大阪市内の煤煙，塵埃などの衛生問題を扱い，以後，食品や栄養の衛生化学に関する問題にもその活動範囲を拡げていったのである．

前述の大阪市立衛生試験所では，1925（大正14）年，所内に家事衛生研究会を設立し『家事と衛生』（1925年7月）を創刊するが，1944年戦争の悪化により廃刊される．しかし大正13年以降，衣食住にかかわる研究や，衛生化学に関する知識の普及を図る活動をしていたことが，戦後の大阪市立大学生活科学部にやがてつながっていくようになるのである．こうした一連の流れの中で概説できることは，家事衛生研究会が『家事と衛生』を刊行した際，その中で，大阪市が独自に京都帝国大学教授戸田正三を顧問にして行っていた「住宅衛生調査と罹患・死亡調査」があげられる．この戸田正三が唯一，山森芳郎の論文の中で日本生活科学会設立発起人名簿第7部医学部門に名を連ねている[2]．大阪市立大学前身の，市立衛生試験所との活動を明らかにしていくことが，家政学と生活科学との相互関係につながる．戦時中「国民」生活の全領域にわたる各専門科学を結して，国民生活を総合的に考究することを目ざして生活科学会ができたが，敗戦とともに終焉を迎えるのである．

　このような背景もあり，大阪市立大学を中心とする生活科学は，自然科学的内容を主とするものであり，当時の影響を受けたものであると考えられる．生活科学と銘打った著書も自然科学的内容のものがほとんどである．

　生活科学という言葉はすでに戦前から潜在化していたのであり，そういう意味では，戦後あらわれた家政学という名称とのせめぎあいの中では，ようやく日の目をみた名称ともいえよう．

b. 家政学教育の流れ

　家政教科にあっても，明治時代に一度教科目として消えた家事科は，この時期に「理科家事」として再現している．小学校令によって削除された教科としての「家事」は，大正3（1914）年に「理科家事」となり，同8年には理科より独立して家事となる．ただし，必修科目となるのは大正15年である．

　中等教育においては，臨時教育会議の答申を受け，大正9年7月6日，早くも高等女学校令の改正として政策化され，法令第一条の目的中に「……特ニ国民道徳ノ養成ニカメ婦徳ノ涵養ニ留意スヘキモノトス」の一節を付加した．こうして，高等女学校は女子教育の要とされ，しかも裁縫と家事を分離し，技術面を強化した良妻賢母主義教育となる．

高等教育の家政学系では，裁縫科，家事科，家政科を専攻する専門学校の設立をみるが，これには次のような理由がある．わが国の女子教育確立の指針のひとつに，大正7年10月24日，臨時教育会議の「女子教育ニ関スル」答申[20]がある．しかもこの答申は，後の女子教育を，国家的観念からの良妻賢母教育の再編確立になったとも考えられる．

すなわち，女子教育を家庭内存在としての役割である「妻」や「母」の資質に限定してとらえ，家庭経営に必要な知識・技術で事足りると考えた．そして，それを越える教育は，不必要なものとして切り捨ててしまうかのごとく，答申は，「……女子ニシテ専門ノ学術ヲ修メムトスル者ニ関シテハ既ニ東北帝国大学等ニ於テ実施セル如ク女子高等師範学校等ノ卒業者ニシテ大学ニ於テ高等学校卒業者ト同等以上ノ学力アリト認メタル場合ニ於テハ之カ入学ヲ許可スルノ途ヲ開キテ然ルヘシ然レトモ特ニ女子ノ為ニスル大学ノ制度ヲ立ツルカ如キハ未タ其ノ時期ニアラスト認ム蓋シ女子ノ専門学校教育ニ付テハ今日尚試験ノ時代ニ属ス特ニ女子ノ為ニ特種ノ大学制度ヲ設ケムトスルカ如キハ其ノ制度ニ関シテモ尚十分ノ研究ヲ要スヘシ」（傍点筆者）との考え方であった．

しかも，教員養成を目ざす女子師範教育は，唯一の例外とするならば，避けられぬ矛盾ですらあった．ただ，これはある意味での恩恵で，決して女子の「専門学術教育＝大学教育」ではなかった．ゆえに，明治以来の専門学校による女子の「高等ノ学術技芸」教育を否定することはできず，技芸の中に家政（学）教育が行われてきた．昭和4年度までの女子専門学校学科課程を種別ごとにみると，家政19，国文18，英文12，医学・薬学7校と明治以来の家政教育が首位であり，しかもその大半は，私学人の手にゆだねられていたのである．

具体的に家事・家政科を代表する学校では，おおよそ次のような流れの中で分化していった．

東京女子高等師範学校では，「家事専修科」（明治30年）→「技芸科」（明治32年）→「家事科」（大正3年），臨時教員養成所では「家事・裁縫科」，「体操・家事科」，「理科・家事科」が設けられた．奈良女子高等師範学校では，「家事科」（明治42年），日本女子大学校では，「家政学部」（明治34年）が設けられた．同校の総合大学高等部では，昭和3年，理科のうち，図2.1にある学部が設けられた．

2.4 大正・昭和初期の家政学・家政教育

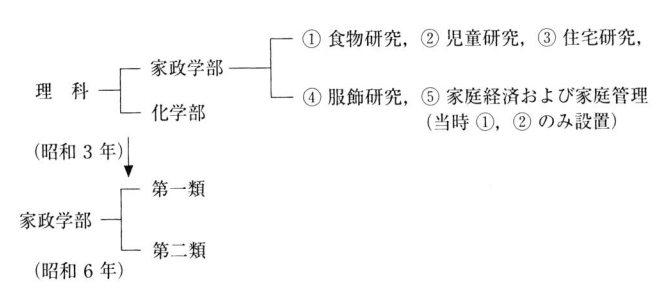

```
理 科 ─┬─ 家政学部 ─┬─ ① 食物研究, ② 児童研究, ③ 住宅研究,
        └─ 化学部    └─ ④ 服飾研究, ⑤ 家庭経済および家庭管理
                          (当時 ①, ② のみ設置)
(昭和3年)↓

家政学部 ─┬─ 第一類
          └─ 第二類
(昭和6年)
```

図2.1

　上述のように家事科，家政学部などの使い方は，必ずしも統一された見解で使用されたわけではないが，家政学科（部）名もしだいに分化していることが理解できる．

　昭和初期における女子教育で社会的立場で，卓越した学会や教育界の知識人をもとに，家庭生活全般を科学的・総合的見地から研究していくために，「家庭科学研究所」が昭和9（1934）年に創設された．創設趣旨には，「……旧態依然たる家庭生活を対象として，これを科学的に研究し……家庭をして科学せしめるまで教育する」とその目的を明らかにしている．人的・物的・人間と環境を総合的にとらえながら，すでにエコロジカルな考えが内包されている理念をもち，「……家庭に関して物心両面にわたって十分の研究を遂げ，これを指導に移して家庭生活の充実，家庭教育の振興をはかろうとする」考えで創設したのである．創設当初の所長の井上　秀（日本女子大学校長）をはじめとする吉岡弥生，鳩山春子，大妻こたか，三輪田繁子等々，女子教育界ではそれぞれの学校を創設した教育者が名前を連ねていることは特筆できよう．日中戦争・第二次世界大戦・敗戦など混乱した時代の中でも家庭科学研究所は存続し続けた．これには敗戦当時米軍婦人将校の宿舎として接収された当該研究所は，共立女子学園に移動して接収解除されるまで活動していたのである．

注

[*18] 当時の研究機関として，代表的なものとして理化学研究所（大正6年），栄養研究所（大正9年），食養研究所（大正14年），労働科学研究所（大正10年），家庭科学研究所（昭和9年）等々がある．

[*19] 森本厚吉『生活問題』（大正9年）は，生活の経済的研究の重要性を指摘したり，自らが

日本で最初の「文化アパートメントハウス」を建設する．

*20 大正7年10月24日，臨時教育会議答申で，「従来女子教育ニ在リテハ主トシテ家庭ニ於ケル婦徳ノ養成（傍点筆者）ニ力ヲ用ヒタルカ如キノ感アリテ国家観念ヲ鞏固ニスルニ至テハ未タ十分ナラサル所アルカ如シ女子ハ自ラ忠良ノ国民タルヘキノミナラス又忠良ノ国民タルヘキ児童ヲ育成スヘキ賢母タラサルヘカラス故ニ女子ノ教育ニ於テモ第一ニ国体ノ観念ヲ鞏固ニシ国民道徳ノ根底ヲ固クスルト共ニ家庭ノ主婦トシテ，又母トシテ其ノ責務ヲ尽スニ足ルヘキ人格ヲ養成スルニ努ムヘク……」と女子の教育のあり方を位置づけている．

2.5 戦時体制下における家政学・家政教育

満州事変［昭和6（1931）年］に端を発した戦争は，ついに第二次世界大戦へと拡大していった．こうした超国家主義体制の中にあって，世間はしだいに軍事色をおび，学問・言論・思想の自由は影が薄らいできたのである．女子の教育においても，昭和18年高等女学校規程により，教科を大幅に統合した大改革があった．

これは，昭和12～16年の間に，教育審会議が200回以上の会議を重ね，その結果，教育方針としては，「皇国ノ道ニ則ル国民ノ練成」と，教育の方法として「心身ヲ一体トシ，教育内容ヲ統一する」合科主義がここで提唱されたのである（「近代日本教育制度資料」第1,14,15,16巻所収．高等女学校規程は第3巻所収）．この結果，教育課程の面からみれば，新しいものが多く戦後につながるものをもっていたのである．

さらに昭和18年，中学校令は，戦後の総合制高等学校へ移行しやすくなるかのごとく，中学校，高等女学校，実業学校を平等に統一したのである．ここで家政教育に限ってみるならば，家庭科は「基本教科」としての家政科と，増課教科としての家政科に分けられ，戦後の新制高等学校では家庭科（必修）と家庭技芸（選択）に変名変質するのである（神辺，1969）．すなわち，表2.5のごとく家政科は，従来の家事・裁縫教育を統合整理し，家政・育児・保健・被服の4科目とし，やがて戦後の家庭科へ結実していく（保健は昭和26年以後，体育科と統合）．表2.5は，高等女学校教科の変遷をたどったものとして付記する．

一方，教育制度の構想として，①国民学校義務制8ヶ年，②青年学校義務制，③師範学校年限延長，④中学校制度，⑤女子高等学校・女子大学創設案などが

2.5 戦時体制下における家政学・家政教育

表 2.5 高等女学校教科の変遷

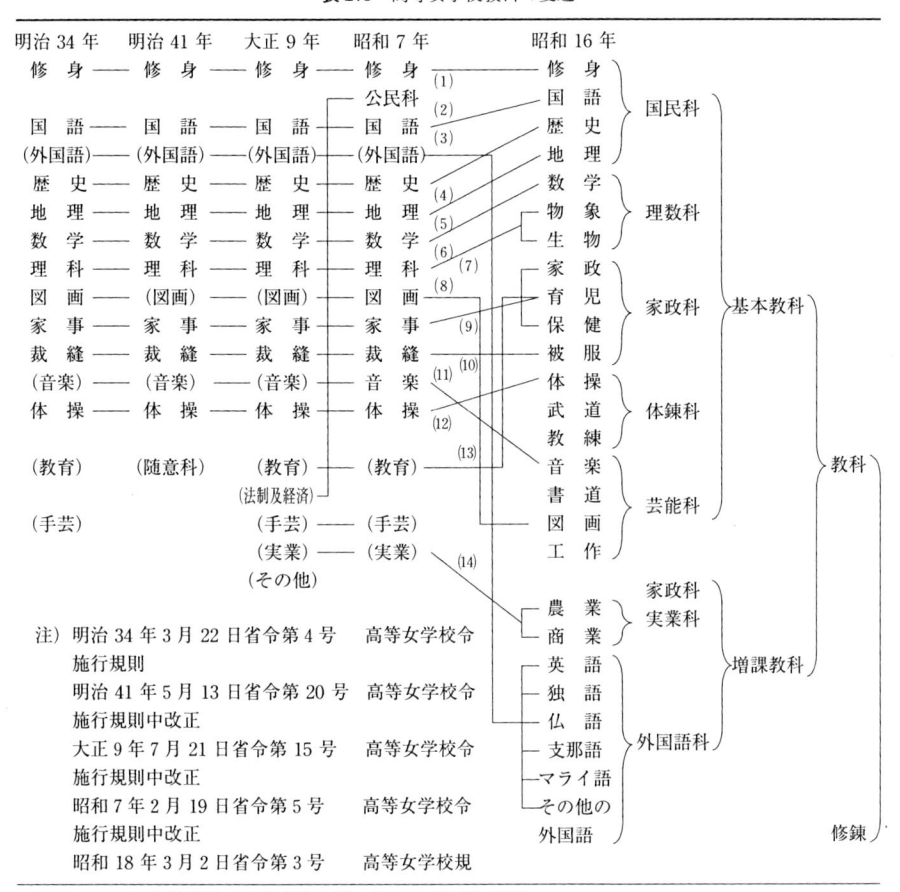

明治34年	明治41年	大正9年	昭和7年		昭和16年		
修身	修身	修身	修身	(1)	修身	国民科	基本教科
			公民科	(2)	国語		
国語	国語	国語	国語	(3)	歴史		
(外国語)	(外国語)	(外国語)	(外国語)		地理		
歴史	歴史	歴史	歴史	(4)	数学	理数科	
地理	地理	地理	地理	(5)	物象		
数学	数学	数学	数学	(6)	生物		
理科	理科	理科	理科	(7)	家政	家政科	
図画	(図画)	(図画)	図画	(8)	育児		
家事	家事	家事	家事		保健		
裁縫	裁縫	裁縫	裁縫	(9)	被服		
(音楽)	(音楽)	(音楽)	音楽	(10)(11)	体操	体錬科	
体操	体操	体操	体操	(12)	武道		
				(13)	教練		
(教育)	(随意科)	(教育)	(教育)		音楽	芸能科	
			(法制及経済)		書道		
(手芸)		(手芸)	(手芸)		図画		
		(実業)	(実業)	(14)	工作		
			(その他)		農業	家政科 実業科	増課教科
					商業		
					英語	外国語科	
					独語		
					仏語		
					支那語		
					マライ語		
					その他の外国語		
							修錬

注）明治34年3月22日省令第4号　高等女学校令施行規則
　　明治41年5月13日省令第20号　高等女学校令施行規則中改正
　　大正9年7月21日省令第15号　高等女学校令施行規則中改正
　　昭和7年2月19日省令第5号　高等女学校令施行規則中改正
　　昭和18年3月2日省令第3号　高等女学校規

東京文化短期大学学誌, 文化生活, No. 13, pp. 72-73, 1969

打ち出されるが，戦争激化のため一部実現しなかったものもあるが，その構想の中には積極的なものもあった．

　例えば，女子大学の創設については，昭和15年9月19日，教育審議会答申の中で「……大学令ニ依ル女子大学ヲ創設シ女子ニ対シ大学教育ヲ受クルノ途ヲ開クコト．女子大学ニ家政ニ関スル学科ヲ置クヲ得シムルコト」（傍点筆者）としたことは，今までの家庭内存在にとどめられていた家政教育を，公的立場から女子大学までの家政学にするため，積極的な姿勢を打ち出したものと考える．

さらに，「国家社会ノ各方面ニ亘リ指導的女性ヲ必要トスルノミナラズ，学術，文化ニ関シテモ女性ノ協力ニ俟ツベキ部面ハ決シテ少クナイ……（中略）此ノ秋ニ当リ大学令ニ依ル女子大学ヲ特設シ，篤学ノ女性ニ対シテ大学教育ヲ受クルノ途ヲ開キ，時代ノ要望ニ応ズル指導的女性ノ育成ト我ガ国女性文化ノ発揚ニ貢献セシムルコトハ，蓋シ喫緊ノ要務ナリ……」（傍点筆者）とした．これは学部および学科の構成が，従来の文学部，理学部，医学部などを主とした男子の大学と同様にすることではなく，「特ニ家庭経済，育児，栄養等家政ニ関スル学的研究ノ重要性愈々加ハリ来タルニ鑑ミテ，家政ニ関スル学科ヲ加フルヲ得シメ」たとは，答申自らが家政の学問的研究の高まりにより，多年論議され続けてきた女子大学創設の課題を，一挙に現実化させることとなるのである．

しかし戦局の悪化とともに，一時は途絶えそうになるが，この構想は女子専門学校に活況を呈することとなる．

昭和18年10月12日，「教育ニ関スル戦時非常措置方策」の中で，「女子専門学校……ノ教育内容ニ付テハ男子ノ職場ニ代ルヘキ職業教育ヲ施ガ為ニ……所要ノ改正ヲ行フ……」とし，さらに昭和19年1月10日「女子専門学校教育刷新」が出され，学科種別を次の13学科とした．すなわち家政科（育児科，保健科，および被服科），文科（国語科，歴史科，地理科および外国語科），理科（数学科，物理化学科，生物科），医学科（医学科および歯科医学科），薬学科，厚生科，工業科，農業科，経済科，法律科，体育科，音楽科および美術科などである．この結果，表2.6でみるとおり，私立・公立いずれにおいても家政科が多く，文科の隆盛とともに女子専門学校は，第二次世界大戦終結前まで新制女子大学，家政学部の母体として，家政学科目をその中心のひとつに位置づけながら存在するのである．

当時の家政学は，国民生活のあり方や，国民生活の構造について理論的に解明することを中心課題とし，そのための具体的実態調査研究を目論んでいた．そして，「最低生活費の分析」，「生活構造の実態調査」，「国民生活の分析」，「休養と栄養」，「娯楽と生活との相関的関係」などの研究が進み，家政学に対して大きな示唆を与えた．

国民生活の構造論に関して，大熊信行『国家科学への道』（昭和16年），篭山京『国民生活の構造』（昭和18年），大河内一男『社会政策の基本問題』（昭和

表 2.6 全女子専門学校学科別数（新学制転換前）

(a) 私 立

学　科　名		数	
家政科	育児科	12	82
	保健科（生活科）	30	
	被服科	33	
	家事科・家政科	7	
文　科	国語・国文科	22	63
	歴史科	4	
	外国語科　英語・英文科	34	
	仏文科	1	
	支那語・中国語科	2	
理　科	数学科	4	13
	物理化学科	6	
	生物科	3	
医学科	医学科	3	5
	歯科医学科	2	
薬学科		6	
厚生科		5	
工業科	工芸科	1	
農業科	農芸科	3	
経済科		16	
法律科		1	
体育科		3	
音楽科		5	
美術科		1	
その他	絵画科	1	
	生活芸術科	1	
	児童学科	1	
	社会福祉科	2	
	神学科	3	
	聖書科	1	

(b) 公 立

学　科　名		数	
家政科	育児科	2	35
	保健科（生活科）	19	
	被服科	14	
文　科	国語・国文科	11	21
	外国語科		
	英語・英文科	10	
理　科	数学科	4	7
	物理化学科	2	
	生物科	1	
医学科		7	
経済科		2	

19年）などは，理論的に解明した労作で（常見, 1971），新しい家政学観を論及したものといえる．こうした家政学研究は，従来のものとは別に，社会科学的研究の要素を加えながら，ようやく「学」とするための萌芽が生じてきたのである．ことに前述の著書に加え，氏家寿子『家庭管理と家事経済』（昭和13年），

大熊信行『新家政学』などは，家政の本質と家庭経営の原理―生活経営体―としての論理を展開し，家政学の体系化に肉迫しようと試みたものとして特筆することができる．同時に家政学原論的な，常見育男『最新家事教育論』（昭和12年），倉沢 剛『日本家政学』（昭和19年）が刊行されている．

戦前・戦中の家政学の流れとは別に，日本生活科学会が存在していた．学会の活動期間は設立準備期間を含めたわずか4年間（1941～1944年）であった．山森芳郎の論文[2]によると，日本生活科学会の設立は，1941年12月13日，東京都神田区錦町（千代田区一ツ橋）学士会館で創立総会を行った．準備会を6回重ねたうえ，学会設立発起人代表は，小泉親彦で時の厚生大臣であった．

生活科学会の目的は，第二条に「本会ハ国民生活ニ関スル科学的研究（傍点筆者）ヲ綜合シテ生活科学，体系ヲ樹立シ国家目的ノ達成ニ関スルヲ目的トス」としている．これは，家政学の体系化・構築化と非常に似ており，生活科学会も実は「綜合化」，「体系化」を目論んでの学会創立であった．

2.6　戦後の家政学・家政教育

a．新制女子大学と家政学教育

わが国の高等教育における家政学教育が，戦後の教育改革の中から成立したことは，戦前の「大学令」に女子の入学規程がなかっただけに，たいへん意義深いものがある．

周知のとおり，戦後の教育制度は，昭和20（1945）年9月15日「新日本建設の教育指針」（近代日本教育制度史料，1971）を文部省が公にしたときに始まる．連合軍最高司令部は，「日本教育制度ニ対スル管理政策ニ関スル件」（近代日本教育制度史料，1971）の発表を行い，教育再建方策の樹立にあたって，第一次アメリカ教育使節団（27人）を，昭和21年3月4日来日させた．これに対し日本側は，南原 繁以下29人の「日本教育家委員会」を組織した．使節団は，委員会の協力のもとに，約1ヶ月精力的に調査し，同年4月7日総司令部に報告書を提出した．日本教育家委員会は発展的に解消し，やがて「教育刷新委員会」として再組織され，教育改革の母体となった．当時，教育刷新委員会は，6・3・3・4の学校体系を構想し，昭和21年12月27日，「高等学校に続く学校は，4年の大学

を原則とすること，ただし大学は2年または5年としてもよい」と，文部省に第1回の建議を行った．この結果，文部省は学校教育法の制定準備にとりかかり，昭和22年3月31日その公布をみるのである．

さらに昭和22年秋，CIE（民間情報教育局）は新制私立大学を昭和23年に一部発足させようと表明したため，日本側は大学設置委員会を設け，その準備を整えはじめたのである[*21]．こうした動きの中で幸いしたことは，家政学についての理解も深まり，「家政学」が新制大学の基準学科目として，一般教養科目の社会科学関係科目として採択され，さらに，専門科目としての「家政学」は，応用科学として，農芸，工学等々と並んで承認された．「日本女子大学校」は，早くも昭和23年に家政学部（児童学科，食物学科，生活芸術学科，家庭理学科）の設置が承認され，戦後，わが国における「新制女子大学家政学部」設置第1号となったのである[*22]．国立女子大学は，昭和24年にお茶の水女子大学，奈良女子大学が，それぞれ理家政学部として設置された．その後，昭和25年にお茶の水女子大学が，また同28年には奈良女子大学がそれぞれ家政学部となり理学と分かれるのである．

日本の家政学が，古い発祥の歴史をもちながら，戦前・戦中は学問的進歩がなく停滞したため，学問として認めにくいといわれ続け，茨の道を歩んできたことを勘案すると，戦後女子大学で家政学部が認められ，家政学教育が始まったこと[*23]は，画期的なことであった．しかし，家政学部の誕生に伴った教科の設定に関しては，当時必ずしも一致した意見をみたわけではなかった．これは旧来の女性の特殊的教科を，どのように発足させるかについて問題があったからである．

ことに，家政学部の専門科目として採択された家政学原論は，昭和22年大学基準設定協議会委員原案で，非公式に教科目として発表されたものである．前述の女子大学でも，一般教育科目もほかに家政学原論，被服学概論，食物学概論，住居学概論，児童学概論，家庭管理概論などは所定単位として履修させた．これが，家政学原論が大学で単位として認められた始まりとするものである[*24]．しかし設置はしたものの，本格的な家政学原論の内容や方法論について，まだ不十分な時期であったため時間的空白期があった．

昭和28年4月，大学基準協会評議会では，家政学士を正式に決めるため，家

政学教育基準を決め*25，家政学部の構成も示したのである．やがて昭和35年，女子大学家政学部に初めて大学院修士課程を設置し，同50年博士課程が大阪市立大学生活科学部生活科学研究科に最初に設置されると，家政学も他の学問と肩を並べることとなった．

こうして戦後の家政学教育は，戦前の女子教育・家政教育を中軸に置きながら，戦後の女子教育振興方策（昭和20年，女子教育刷新要項；昭和21年，大学の女性への門戸開放）に端を発し，40年を経過しつつ今日に至り，一応その体制ができあがった．

b. 短期大学制度の発展と家政教育

新制大学への転換期にあたって困難を生じたのは，旧制の女子専門学校であった．これは新しい大学設置基準に適合しなかったためのものである．このため，昭和22年第1回の国会以来，新制大学はすべて4年制というのでなく，3年〜2年制も認めようとする意見もあった．この中には，米田吉盛質問に対する森戸辰男文相答弁（昭和22年10月18日，第1回国会衆議院），全国高等学校校長会議決議案（昭和22年12月9日），服部教一演説（昭和23年3月29日，第2回国会参議院）などがあり，専門学校の4年制大学昇格に伴う苦難を救済するために，アメリカで行っている6・3・3・2という制度（ジュニアカレッジ）（海後・寺崎，1965）を建議したのである．ここで初めて制度としての「ジュニアカレッジ」の名称が出てくる．

当時，昇格問題に直面していた各専門学校は，教育刷新委員会にも意見書を提出し，高等教育の門戸を拡げるために，昭和23年12月，2年制大学実施理由として次の項目を掲げた（日本私立短期大学協会，1959）．

1. 現在の大学，高等専門学校をなるべく早く，かつ円滑に新制の学校に切り替え，学校教育法の完全実施をはかるため，2年制大学を設ける必要がある．
2. 現在の大学，高等専門学校がすべて4年制の大学となることは，現状からみて不可能なことで，したがって従来に比し，高等教育への入学の途が狭められる結果になる．その門戸を拡張するためにも，2年制大学を設ける必要がある．

表2.7 短期大学の編成経過

編成経過		国立	公立	私立	計
専門学校を母体として編成	単一専門学校を再編		11	52	63 ⎫
	専門学校と旧制中等学校を合併		1	1	2 ⎬ 75
	新制大学を設置し専門学校専門部を再編		2	8	10 ⎭
旧制中学校の高等科・専攻科・別科などを再編		—	3	13	16
各種学校を再編		—	1	23	24
新制大学に併設		4	5	41	50
新制高等学校の上部に設置		—	—	14	14
新設		—	1	—	1
合計		4	24	152	180

日本私立短期大学協会会報, No 1. 付録, 1951 より作成.

3. 現在の高等専門学校の中には，4年制大学としては不適当ではあるが，2年制大学ならば成り立つものもあるので，この種の専門学校救済のためにも2年制大学は必要である．

　これらの要項をみる限りでは，決して教育理念を追ったものではなく，単なる行政手段として考えられた感がある．当時，参議院はこの請願を受け，「女子の新制大学に2年制を認めること」と救済の意を加えて意見書を内閣に送付した．

　こうして文部省も短期大学制度の創設に踏み切り，昭和24年3月「短期大学設置基準」を決定し，昭和25年4月14日，文部省令第13号をもって，「学校教育施行規則」を一部改正，旧制専門学校から短期大学への改組が始まった．事実，新学制へ転換の際，大学に昇格できない専門学校が39校にも達していた．第1回短期大学設置基準審査会で合格したものは113校，その後36校が許可され，初年度は149校が許可された．このうち，家政系学科は46校であった．表2.7は旧制から新制への切り換えの際の母体機関を示したものである．昭和26年11月のものであるが，総数180校のうち75校が旧制専門学校を母体とし再編成したのであった．しかも，私立短期大学が圧倒的に多かった．

　その後の短期大学の急増ぶりはめざましく，暫定的処置として当初発足した「当分の間」の制度は，昭和39年に「恒久化」[*26]させるまで発展した．しかも，恒久化以後の家政系短期大学の学校数や，その学生数の増加は著しいものがあった．しかし，時代の流れとともに，昭和46年以降しだいに家政系短期大学は減

少傾向となる．

c．高等教育における家政学原論

高等教育に学問として位置づけられた家政学は，その本質や独自性を明らかにするための研究も始められた．当初，家政学は若い学問であるだけに，定義，目的，対象，方法などをどのように構築するか，その根底にあるものを，明確化するため家政学原論が必要となった．

たしかに戦前でも，家政学原論を考えた先覚者はいたが，はっきりどういうものであるかとの認識は薄く，研究者それぞれの見解を述べるにすぎず，決して統一されたものではなかった．このため戦後は，その体系化をはかるためにも，家政学原論の果たす役割が以前にも増して重要となったのである．

戦後いち早く，林 太郎，大橋 広らも積極的に家政学の中に原論の必要性を説いたのもこのためである．そして，家政学原論草創期ともいえるこの時期に，日本女子大学では中原賢次がこれを担当し，早くも昭和23年『家政学原論』（世界社）を最初に出版している．戦時中に倉沢 剛が『日本家政学』（昭和19年）を育英出版から出版しているが，これが超国家主義的概念の精神にもとづくものであったとするならば，中原賢次の家政学原論は新しい意味での家政をとらえ世に問うたものである．さらに彼は，『家政学序説』（昭和28年），『家政学の方法』（昭和33年），『家政学原論』（昭和36年）等々を次々に出版している．こうして昭和63年までに，第一線級の研究者による家政学原論の著書は30有余冊にのぼる．

当時，家政学原論部会では，会員の「家政学原論ワーキンググループ」によって，既刊された「家政学原論」に対し，内容の検討を行い，初期の家政学の流れ，学説誌，家政学本質論につき肉迫している．現在までに，検討を加えたものは表2.8のとおりである．そのほか石川寛子担当の常見育男著『最新家政教育論』があり家政学の理念を考えることができる．

家政学についての定義，目的，対象，方法論は，著者自身の見解から①原理・哲学的（価値・生）なもの，②経済生活を中軸にした家庭科学的なもの，③家政教育的視点から家庭生活を考えたもの，に大別できる．内容構成は，かっこ内数値が示すとおり，著書それぞれの特徴がはっきりあらわれている．この

2.6 戦後の家政学・家政教育

表 2.8 「家政学原論」の内容構成

著者名	書名	発行，昭和年	担当者名	備考，（ ）内は％
中原　賢次	家政学原論	世界社，23 年	原田　一	原理・哲学(50.5)，家庭生活(38.9)
森本　厚吉	家政学通論	大明堂，24 年	松岡　明子	家庭科学・家庭経済(88.4)，原理・哲学(11.6)
今　和次郎	家政読本	岩崎書店，26 年	好本　照子	生活科学(58.2)，原理・哲学(14.1)
松平　友子	家政学原論	高陵社，29 年	亀高　京子	家庭科学(30.4)，生活改善(26.9)，原理・哲学(13.1)
黒川喜太郎	家政学原論	光生館，32 年	富田　守	原理・哲学(47.1)，家庭科学(36.2)
山本　キク	家政学原論	光生館，38 年	塚田　淑子	家政教育(55.4)，家庭生活(35.3)，原理・哲学(9.3)
小池　行松	家政学原論	家政教育社，40 年	工藤　澄子	家庭科学(57.8)，原理・哲学(32.8)
原田　一	家政学の根本問題	家政教育社，41 年	川上　雅子	原理・哲学(50.9)，家庭生活(49.1)
野口　サキ	家政学原論・家庭経営	朝倉書店，41 年	酒井ノブ子	家族関係(47.7)，家庭生活(26.1)，原理・哲学(16.7)
山崎　進	家政学原論	光生館，42 年	木村　静枝	家庭生活(48.8)，生活論(51.1)
松下　英夫	新家政学原論	家政教育社，43 年	大谷　陽子	家政学原論(48.1)，家政学基本問題(19)，家政学史(20)，その他(12)
今井　光映	家政学原理	ミネルヴァ書房，44 年	村尾　勇之	比較家政学派(48.6)，原理・理念(32.9)
嶋田　英男	家政学原論要説	家政教育社，51 年	横田　明子	原理(38.9)，家族・生活(27.9)，歴史・教育(18.2)

石川寛子：家政学原論の成立過程，家政学原論部会会報，No. 21，原論ワーキング資料より集成．

ほか，家政学原論初期における，単行本，雑誌などに寄せられた論文も多くみられる．いずれも家政学の中に，家政学原論を学問として成立させるための努力が払われながら，しだいにその独自性と位置づけが固まっていくのである．

家政学が，独自の研究を進めていくうちに，自然科学，数理科学的研究方法が家政学にも取り入れられ家政学の中心となりはじめた．やがてこれらは，他の学問領域に傾斜していく傾向が生じはじめたために，昭和40年頃から家政学の本質を再考し，総合科学としての体系化をはかる機運が起こりはじめる．

昭和43年以降，家政学原論部会でもアメリカ家政学の動向がたびたび紹介されたことが契機となり，（家政学原論部会会報，No. 1～8），人間の生命維持発展

に寄与することを前提に，人間と物の環境における相互関係を拡大延長し全体をとらえようとしはじめたのである．つまり家政学は，自然科学に社会科学を認識させ，両者を融合させる原理が必要ではないかと考えたのである．

昭和45年，国際家政学会 (International Federation for Home Economics) から日本家政学会に対し，家政学の定義などにつき，アンケートが寄せられた．これに対し日本では，その考え方を示したのである．日本家政学会の家政学に対する考え方は，その根底にレイク・プラシッド会議 (Lake Placid Conference) やアメリカ家政学会の影響を強く受けている．今日，国際交流が盛んになっているので，これからは比較家政学に期待することも必要であろう．

「学」以前の家政学—混然と使っていた家政学—高等教育に「学」として認められた家政学は，日本学術会議第6部に位置づけられながら隆盛をきわめているのが現状である． 〔松岡明子〕

注

[21] 当時，存在していた高等教育は，次のとおりである．大学49校，高等学校39校，専門学校368校，教育養成諸学校140校，合計596校であった（文部省，1969）．

[22] 昭和20年12月4日の閣議で「女子教育刷新要項」で了解されたのを機会に，女子大学の創設ならびに家政系女子大学の創設が進められた（文部省，1973；常見，1971）．

[23] 戦前・戦中の女子高等教育は，私立にあっては家政系29.2%，理科25%，文科8.3%，その他37.7%，公立学校では家政系44.4%，医学27%，文科11.1%，理科11%，その他16.4%といずれも家政系教育が多い．

[24] 常見（1971）ならびに「昭和22年大学基準設置準備委員の林 太郎，大橋 広氏らが，家政学原論の必要性を提案唱導し，討議の結果，家政学原論の設置が決定された」とする記録が，家政誌，20 (5), p. 34, 1969にある．

[25] 昭和31年には，大学設置基準が文部省令で示され，家政学部および家政学士が正式に決められたが，それに先立つ昭和28年4月，大学基準協会評議会が家政学教育基準を決めた．
　目的：家政学教育は家庭生活ならびにこれに類する集団生活に関する学芸を教授研究し，
　　　　もって生活文化の向上発展に寄与する能力を展開せしめることを目的とする．
　組織：家政学部は下にあげるもののうち3学科以上をもって組織する．
　　　　（児童学科，食物学科，被服学科，住居学科）

[26] 昭和39年6月，学校教育法の一部が改正されて「深く専門の学芸を教授研究し，職業又は実際生活に必要な能力を育成することを主な目的とする」と現行の短期大学制度が確立した．この制度を確立させる「当分の間」の4文字を削除するため，松本生太，中原 稔らの短期大学協会努力には，すさまじいものがあった．

文　　献

1) 佐々木和子：『家事と衛生』の創刊『家政学原論』（日本家政学会家政学原論部会編），No. 28, p. 40, 1994
2) 山森芳郎：生活科学論の起源—戦時下における日本生活科学会—，共立女子短期大学生活科学紀要，No. 44, pp. 91-100, 91-106, 2000

3. 総合科学，実践科学としての家政学

3.1 家政学原論の意義

a．家政学原論とはどのような研究領域か

　家政学原論，一般にこの名称を初めて聞く限りでは，人々はその研究内容を想像することはむずかしい．ある人は家政学全般にわたって広く論じているのが家政学原論であろうと考え，ある人は家政学の基礎理論について説くものであると推測する．つまり，家政学原論なるものが，家政学の「何か」について研究し，説いているものであろうということについてはみな考え及ぶのであるが，その研究対象が「何か」をなかなか特定できない．

　家政学の原論，果たしてこれはどのような研究領域なのだろうか．

　試みに国語辞典[1]を引けば，「原論」とは，「その分野で最も根本的な理論．また，それを論じた著作」とある．さらに続けて，ここで用いられている「根本」とは「物事を成り立たせる基盤となっている事柄」のことであり，「物事の始まった最初．おこり」を意味する．ちなみに，「理論」とは「科学研究において，個々の現象や事実を統一的に説明し，予測する力をもつ体系的知識」であり，かつ「特定の科学領域や個々の学者の学説や見解」とある．一方，原論という言葉によく似た言葉として「概論」という言葉があるが，これについては「全体を通した大体の内容を要約して述べること．また，述べたもの」とある．

　その意味で，冒頭に示した家政学原論に対する一般的な解釈の一例は，概論と原論の違いをうまく表しているといえる．しかし，明らかに概論と原論は異なる

3.1 家政学原論の意義

ものであって，上記の原論の語義を導きに述べれば，家政学原論とは家政学についての最も根本的な理論を説くものであり，家政学とはどういう学問であるかという命題を解明する家政学の一研究領域ということになろう．

ところで，原論という言葉は英語では principle とか philosophy と表現され，通常，家政学原論は，principles of home economics や philosophy of home economics と英訳される．

しかし，原論を意味するところの principle と philosophy では，根本的な語義の違いがある．前者 principle には，原理，法則，本質，根源，始まりなどの語意のほかに，人の行為や判断の基準となる一般的な真理，根本的な法則となる行動規範，道徳基準，基本思想などの意味がある．一方，philosophy は，「哲学」という学問名称ですでにおなじみであるが，そのほかに principle の意味するところと同義である原理という意味と，ある学問分野の根本原理についての批判的研究という意味を包含する．

ときにこれらの語義は，原論の性格を示す際にたいへん重要である．なぜなら，根本的に philosophy の学問的性格が，人間やその世界，社会的な現象についての原理を批判的，体系的，全面的，徹底的な思考で探求するものであるからである．そして，これを前述した principle の意味するところの行動規範，基本思想などの語義と重ねあわせ，あらためて原論の語意を考えたとき，単に対象である学問の基礎理論の解明という説明にとどまらないニュアンスが拡がることがわかる．

総じて，家政学原論という研究領域の目的は，家政学の学問的性格であるところの学問的成立の経緯や根拠，その意義や独自性，そして研究対象とする事柄の真理（例えば家庭とは何か，家政とは何かなど）を，絶えず批判的，体系的，全面的，徹底的なまなざしをもって追究し，家政学的見解を明らかにすることにある．同時に，このような姿勢は家政学の規範，基準となるような学問としての方向性やありように関して問題を提示することにもなる．

その意味で，家政学原論という研究領域は，概して家政学の根本理念を明らかにするものではあるが，それは同時に家政学のありようをも示しているのであって，結果的に学問としてのあるべき姿を説く使命をもつといえよう．

先に，国語辞典による原論の語意を述べたくだりで，原論とは「その分野で最

も根本的な理論，また，それを論じた著作」と示したが，『家政学原論』と題された本著は，まさにその使命のもとに論じられている著作であるといえる．

b． 家政学原論はなぜ家政学に必要か

通常，家政学とはどのような学問かということについて疑問をもった際，人々は，その学問の研究内容や定義を知ることでそのおおむねを理解する．すでに第1章でふれられているように，その定義については日本家政学会によって1984年に規定され，公にされている．ちなみに，「家政学は，家庭生活を中心とした人間生活における人間と環境との相互作用について，人的・物的両面から，自然・社会・人文の諸科学を基盤として研究し，生活の向上とともに人類の福祉に貢献する実践的総合科学である」という定義は，家政学の将来構想を考える際にまとめられたものであるが，10年後の1994年にこの将来構想の見直しをはかった際，この1984年の定義についてはそのままを踏襲することを学会は確認している．すなわち，この定義が現段階で最新の家政学の学問的性格や独自性を示したものといえる．

ところで，この定義には家政学の科学としての性格が明示されているとともに，家政学原論が家政学に必要な理由も示唆されている．そして，それはただひとつ，「実践的総合科学」という単語によるものである．しかし，同時にこの単語は家政学の性格を正しく理解するには，実に誤解を招きやすいものであるともいえるのである．

そもそも実践的総合科学とは，実践的な総合科学とでも簡単に解釈してよいのだろうか．そしてこの場合，実践的の的という言葉はどのように解釈すべきなのだろうか．まずは，この実践的という言葉にこだわることから始めたい．

通常，実践的総合科学という言葉を理解しようとすると，多くの人は国語表現上「実践的」の後にある単語の「総合科学」にかかるものとして解釈し，家政学を「実践する総合科学である」とか，「実践するための総合科学である」と理解する．

しかし，この解釈は根本的に間違っていて，正式には「実践科学であり，総合科学である」という表現の方がよりふさわしい．現に，実践科学という科学は，実践に導くための技術や手段，法則を追究，開発する科学として存在する．医

学，工学，農学なども実践科学である．ただし，この科学は実践するということを，仮説あるいは前提として，または研究の導きの星として配慮はするものの，容易に直線的に，実践すること˙そ˙の˙も˙の˙とは結びつかない性格をもつ．あくまでも実践科学の研究目的は，実践することを視野に入れた技術や手法，法則の解明，開発にある．

しかるに家政学の研究は，定義にあるように「生活の向上と人類の福祉に貢献する」という究極の目的を達成するためにすべてが導かれるものであって，「実˙践˙する科学」そのものではなく，あくまでも生活の向上，人類の福祉に貢献するというこの究極の目的を達成するための技術や理論の解明，開発にあるのである．「的」という言葉をはさむことによって，家政学の科学的性格が誤解を受けやすい表現になっていることに注意を払う必要性が第一にここにある．

では次に，総合科学とはどういうことであろうか．ここでいう総合科学という言葉は，それ以前に示されている「自然・社会・人文の諸科学を基盤として」という言葉を受けて，科学としての方法，性格を明示しているようである．しかし，家政学が総合科学であるということは，それらすべての諸科学を方法として用いるからだと簡単に解釈してよいのだろうか．

結論からいうが，これも慎重に解釈すべき事柄である．そもそも科学的認識の方法というのは，実証性，合理性，法則性，普遍妥当性などのことをいい，それらは一定の公理系の上に成り立っており，対象のある部分について固有の真理を成り立たせる．しかし，それはあくまでも部分知としておのずから限界があるものであり，そのものが全体知を示すことはない．

ここで，この部分知と全体知について具体的に考えてみよう．例えば，この本の表紙が自分の顔の方に向くように両手で持ってみることにする．あなたはこの本のタイトルを見ることができる．だから，この本が家政学原論の本であることを確証する．しかし，この本の厚みも裏表紙のデザインも実際に目で見て確かめることはできないし，ましてやあなたがもし最初にこの本の裏表紙や底部のページの部分を見ただけであったなら，簡単には家政学原論の本であることを推測できなかったであろう．

そしてこういう場合，人々はその全体を理解するために，手を動かして自分の顔の方に見たい面を向けるか，手をそのままにして自分の顔をその面が見えるよ

うに動かすであろう．いずれも自らのまなざしを向け，部分部分を確認しようと試みる．

　なお，今はあらかじめ経験上これが本であることを私たちが理解していたので，容易にそれが家政学原論の本であることを推測してしまったが，まったく未知のものであったらこの物体がいかなるものなのか，何度も角度を変えて，その部分部分の特徴をとらえ，それを総合して答を出すはずである．自分が今までに見て知っているものであるならば，各部分部分から得られた断片的な情報を組み合わせてその全体を推測するであろう．一方，未知のものであったなら，その部分部分を総合して，それにふさわしい名称をつけ，できる限りの対象の全体像を示そうとするであろう．いずれにせよ，対象を総合し，形づくるためには，私達のまなざしが必要なのである．

　ところで，ここで例示した本の各部分こそが科学的認識そのもの，部分知なのである．しかし，それを「本である」という全体知に導くには，各部分知をある意図をもって導こうとするまなざしが必要とされるのである．

　つまり，このまなざしこそが方法であるのであって，何よりも対象をどうみるかというような自らの問いの立て方が重要なのである．このことは，従来の経験や理論とは異なった新しい問いの立て方，まなざしによって，既存のものにはみえなかったものがみえてくるかもしれないというような可能性をも示唆するものである．

　総じて，科学というものは，その性質からいって科学自身を総合することはできない．しかるに，家政学の定義における実践的総合科学というキーワードは，家政学の研究が自然科学，社会科学，人文科学のいずれをもその方法として用いるという点で，単純に総合科学であると解釈する場合があるかもしれないが，これでは家政学の表層的理解にしか至らない．では，どのようなまなざし，問いの立て方をもって，総合科学というのであろうか．

　そこで，あらためて問われるのが先に実践科学の解釈の際に述べた家政学の究極の目的である「生活の向上と人類の福祉に貢献する」というこの文言である．科学が科学を総合できない限り，科学によって得られた結果をいかに総合するかという場面で重要なのは，科学そのものではなく，あくまでも生活する人間自身のまなざしであり，「生活の向上と人類の福祉に貢献する」というこの文言は総

合化する際の源になる問いそのものなのである．

　この定義の文言に準じて具体的にいえば，生活を向上させるとはどういうことなのか，真に人類の福祉に貢献するということはいかなることなのかというような根本的な命題をもって，対象にアプローチすることこそが，家政学の方法ということになる．そしてそれこそが総合という言葉に代表されるものであり，このように様々な科学的方法を許容する家政学には，科学的基盤の強さがあるともいえる．

　そのうえ，今まで述べてきたように，本来，家政学は人間の具体的な日常生活のうちに，先のような壮大な学問としての根源と目標とをもっており，その生活における諸要求は家政学に汲み上げられ，その学問的成果が日常生活に還元されることを目ざすものである．したがってそこには当然ながらあるべき人間生活を模索することが含まれ問われてくる．

　そして家政学が食物学，被服学，住居学，児童学など，人間の衣食住の生活基盤に関係する細分化された諸科学と結びつきながら，真に人間の学として総合科学，実践科学として成立するならば，根本においては生活の主体である人間存在に関する哲学的考察を不可避にする．生活の向上や人類の福祉への貢献などという壮大な課題は，哲学的思考ともいうべきものによってしか反省し方向づけることができないのである．

　ところで，この節の冒頭で「実践的総合科学」という象徴的な単語に，家政学の科学としての性格と同時に，家政学に原論が必要な理由も示唆されていると述べたが，その意味は，今まで述べてきたようなあるべき家政学の姿が，現状の家政学にみられないことからくるものである．

　すなわち本来なら，生活基盤に深く関係し，あるべき人間生活を模索し追究する家政学の諸領域の研究者すべては，上記の根本的命題から目をそむけることはできないはずである．しかし，現実には食べるということの本質や装うということの本質，また住まうということの本質など，すべての人間存在にかかわるこれらの根源的な問いに無関心であっても，例えば自然科学的な研究は促進され，次々と科学者の興味のおもむくままに科学的成果が排出される．家政学の現状としての問題は，多くの家政学研究者がそういう根源的な問いをもたずに次々と眼前に提示された科学的研究に取り組むことである．

果たして，従来から行われてきた被服や食物に関する物性の研究は，真に私達の生活を向上させたといえるであろうか．また，現実の生活において，衣料や食品の生産や管理が家族や家庭内の生産枠組みを越えて社会化されているからといって，すべてを消費者として個人化した世界観でとらえることをよしとすることから出発していいのだろうか．そして，離婚や非婚者の増加，出生率の低下などの現状から，家族，家庭，家政などの枠組みからとらえることをすでに過去のものと考え，人間生活と称する中に包含して，あえてその枠組みや意義を問うことに価値を置かず，単に一個の人間と社会との関係性や相互作用においてのみ，人類の福祉や生活の向上ということを考えてよいのであろうか．

　本来なら，研究する前提にはこうしたすべての問いに何らかの是非，価値判断が求められるはずであろう．

　前節で原論を philosophy と訳すということについて述べたが，philosophy の語源は「智への愛」であり，物事の是非，善悪について考え問うことを愛するのが philosophy の本質である．そして，ここで一線を画しておかなければならないのが，哲学と哲学研究の違いである．後者はいわゆるカントやハイデッガーの著書や専門用語を解説，分析するというような研究のことを指し，これに携わる人は哲学の研究者ではあるが，本質的には哲学者ではない．何よりここでいいたいのは，いわゆる哲学研究者が行うような哲学研究を，根源的な問いをもたずして研究を推し進めている家政学の多くの研究者に課すべきであるということではない．しかしながら，物事の是非，善悪について考え問うこと，智を愛するという根本的な問いとしての哲学者的思考は，人間である以上，誰にでもできるはずであろうということである．にもかかわらず，多くの家政学者が，家政学の根本的命題に目を向け，対峙することを怠っているのではないかということである．

　そういう意味で，家政学を学ぶ人，家政学を研究する人など家政学に関連する人すべてにとって，家政学の目的や使命を考究する家政学原論を学ぶ必要はそこに生じる．実践科学として総合科学として家政学がどこに導かれようとしていくのか，絶えず問い続けるまなざし，そういう事柄が家政学原論を学ぶことによって得られるのである．

　そのうえ，家政学は人間生活に密着しているからこそ，そのつどそのつどの時代と社会を反映した人間生活の反省の学として，つまり具体的な現実の人間生活

によって破られていくものとして存在するものであり，その体系が完結することはありえない．それには哲学的な思考が不可欠なことはいうまでもないし，また，検証しつつも学問としてのありようや枠組みを整理構築していく仕事も，原論の重要な役割となる．

先に，哲学的思考は人間である以上，誰にでもできることだと述べたが，しかし，現実にこれはいうほどに簡単なことではない．なぜなら，今の多くの家政学研究者が自分の目，自分の頭をもって考え，自らの言葉をもって表現することを怠っているからである．

また，前節で家政学原論は家政学の学問的性格について明らかにすることにその役割，使命があるということを述べた．本来，使命とは何者かによって命じられ自らが引き受けるものである．その何者とは，ときに家政学を研究教育する者の良心であり，責任であるともいえよう．その意味で，家政学が目ざす人々の生活の向上とは何か，人間としての真の幸福とは何かなどという人間の生に関する根本的な問いに，歴史的経緯などに配慮しつつ迫ろうとする気概を有し，その問い自体に意義を唱えているのは，現況としてはまことに残念なことではあるが，多くは家政学原論に携わる研究者しかいないのが現状である．本来ならば家政学にかかわるすべての者が関心を寄せるべき事柄が，このように結果的には家政学原論研究の使命になっていること，その事態が今の家政学にとって真に致命的な問題である．

これから家政学を学ぼうとする人は，家政学原論を学ぶことによって，少なくとも自らがかかわる家政学の目的や使命を理解し，細分化した各々の専門分野を越えて人間生活全体への問いを根本的に考えることのできるまなざしを得ることが重要である．ここに家政学原論研究とは異なる教育としての家政学原論の意義がある．

3.2 家政学原論の動向

a．家政学の成立と家政学原論

すでに第2章で日本の家政学の成立過程をみてきたが，家政学は第二次世界大戦後，それまで行われてきた家政教育とは一線を画し，学問としての成立を目ざ

す新たなスタートラインに立った．

　一般的に，ひとつの学問が成立する際の外的条件は，まず第1に学会が発足されるということである．学会は共通した問題意識をもった研究者達が集い，研究成果を公表，討議する場であり団体であり，学会を発足させるという行為は，対象となる学問の社会的認知を広く世に問う行為ともいえる．そして，第2の外的条件は，その学問の研究・教育・普及の土壌となる学部が大学に設立されることであり，わが国の家政学の場合，その条件となる家政学部の設立は1948（昭和23）年，新大学令に基づく大学家政学部設置の第1号になった日本女子大学にその緒をみることができる．なお，日本家政学会の発足は，最初の学部発足をみた翌年の1949（昭和24）年であった．

　わが国において，それまでの長い間，家政に関連した教育が行われてきた経緯からみて，戦前に，現在の日本家政学会のような専門の研究団体ができず，まとまった教育研究成果をいわゆる研究誌（学術雑誌）などを通して十分に世に問わなかったことは今から考えると疑問を残すところであるが，それだけその存在の根拠をある意味では問わなくてもよかった状況にあったということでもあろう．それは国家によってその位置を保証されていたということでもあるし，また，女子の教育として，世論がその意義や必要性を認めていたことにもよる．

　しかし，戦後の新教育制度の制定により，いわば学問としての自立を余儀なくされた家政学は，従前の長い歴史とは裏腹に十分な内的条件が整っていたとはいいがたい状況であった．この場合の内的条件とは，その学問論や本質論の確立である．

　学問論，すなわち家政学論としては，家政学の研究目的，対象，方法，定義，独自性，領域，体系などの確立を目ざすことであり，いまひとつは本質論としての家庭や生活の本質追究である．しかし，前節で家政学原論の意義，内容を語る際に表出したような問題のすべてが，わが国の家政学の学問としてのスタート時点において，その条件を十分に満たしていなかったといえる．

　一般的に，学問が成立する場合，その過程は内的条件のもとになる人々の関心や興味，必要性が高まり，外的条件の整備に連なっていくものであるが，日本の家政学の学問的成立過程にはすでに大きな問題が生み出されていたのである．しかしこれらの問題についての認識は，すでに家政学部発足の前年である1947

（昭和22）年に設置された新制大学家政学部設置基準の準備委員会で審議され，その結果，家政学の基本問題を追究する研究分野として「家政学原論」が必要であるとされたのである．ここに今の家政学原論研究の原点がある．

b．家政学原論のあゆみ

　家政学原論の必要性が学問的に問われた後，1948（昭和23）年に初めて『家政学原論』（世界社）と銘打って著書を出したのが中原賢次氏である．彼は本の内容を二大別し，一方を生活原論としての本質論，一方を家政学原論として学問論を展開して，その後多く出版されることになる家政学原論の著書の原点ともモデルともいわれるような本を著した．

　そして今，21世紀になって出版された本著も『家政学原論』と題し，同じような指向をもって家政学を問うている．この間，家政学のあり方や方法を問うた家政学原論関連の本の出版は70冊以上にもなる．前節で述べたように，家政学における家政学原論の必要性が，その内的条件の確立というような象徴的な問題を解明するだけであるならば，会員に共通認識できる材料を示し，社会に家政学の学問的意義の確立を宣言することで，ある意味では家政学原論の当面果たすべき役割を一時的ではあるにせよ，終了したといっても過言ではない．

　現に，家政学会による家政学の意義は1970年においては国際家政学会へのInformation Sheetとして示され，1984年には定義と称して初めて公式見解として示された．しかし，1968年に日本家政学会の一分科会として発足した家政学原論の研究者の団体である家政学原論部会は，今なお21世紀の新たな課題に目を向けようとしている．その意味で，家政学原論研究は今もあゆみを止めていない．以下，しばらくはその原論研究の志向性を，家政学原論部会のあゆみとともにみていくことにする．

　先にも述べたように，家政学会の一分科会である家政学原論部会は1968（昭和43）年に発足したが，考えてみれば，中原賢次氏が『家政学原論』を著し，同時に次々と発足する新制大学における家政学部で家政学原論の授業が開講されていたにもかかわらず，この部会が発足するに至るまでには約20年，実に長い歳月がかかっていることがわかるであろう．

　この間のことは，すでに日本家政学会20周年記念特集号[2)]において，田辺義

一氏が原田 一氏の協力のもとにまとめた『家政学原論—20年の回顧と展望』にその詳細が書かれている．以下，この間の時代区分については，田辺氏による時代区分を，またその後から現在までについては上村協子氏[3]が考える時代区分を手がかりに筆者があらためて整理した．

田辺氏は家政学原論の第1期を1949（昭和24）年から1959（昭和34）年とし，家政学および家政学原論の揺籃期と称している．先の中原賢次氏に前後して，今 和次郎『家政のあり方』（相模書房，1947），森本厚吉『家政学通論』（大明堂，1949），酒井ノブ子『家政学—その本質とその運営』（正統社，1951），石田きよ『家政—その理論と運営』（光生館，1953），松平友子『家政学原論』（高陵社，1954），常見育男『家政学・家庭管理学』（光生館，1955），稲垣長典編『家政学読本』（東洋経済社，1955），黒川喜太郎『家政学原論』（光生館，1957）というように，戦前から原論研究に通じる問題意識を抱いていた熱心で先駆的役割を担った家政学原論の研究者が，一斉に自らの家政学に対する考えを世に問うた．

1951年には家政学会が学会誌を刊行したものの，とにかく学問としての体裁を整えるべく，家政学原論以外の被服や食物などの諸分野もそれぞれの研究領域確立のために勤しんだ時期であったこともあり，原論と他領域分野はその必要性を感じながらも互いに交わらない状況であったという．その意味では，1957（昭和32）年の家政学会総会において「家政学における住居学，被服学，調理研究，家族経済，農家生活研究」と題して行われたシンポジウムは，従前とは異なり，家政学の体系化への一歩を踏み出す兆候が学会全体に芽生えた象徴的イベントともいえるものであった．

第2期は，1960（昭和35）年から1967（昭和42）年の間，すなわち家政学原論研究会の正式発足に至るまでである．この時期，家政学部は，女性の大学進学率の上昇に伴い，その進学先としての人気が高まっていた．田辺氏は，「花さかりの家政学部が花嫁修業の場であるような風潮が生まれ，家政学についての一般の固定観念の如きものがかもされていった」と評し，家政学をめぐる状況について問題を呈した．

第1期に続いて家政学原論の著書の出版は著しく，山本キク『家政学原論』（光生館，1963），大熊信行『家庭論』（新樹社，1964），小池行松『家政学原論』

（家政教育社，1965），野口サキ・横山光子他『家政学原論・家庭経営』（朝倉書店，1966），松下英夫『アメリカ家政学思想史』（至誠堂，1966），原田 一『家政学の根本問題』（家政教育社，1966），山崎 進『家政学原論—これからの生活経営の考え方』（光生館，1967）と，次々に出版されている．

1963（昭和38）年の家政学会総会では，「家政学原論について」と題し，シンポジウムが行われたが，これは後に「家政学・生活科学論争」と呼ばれるような画期的議論の出発点となった総会であった．黒川喜太郎，松平友子，山本キク，野口サキ，原田 一，前川当子，柳原文一の諸氏が，家政学原論についての見解を述べたが，討論においては大熊信行氏が家政学の現状への厳しい批判を質問を通して行ったといわれる．

これは専門雑誌『家庭科教育』（家政教育社）の誌上において引き継がれた[4]が，家政学とは何か，生活科学とはどのように異なるのか，家政学は実学か，虚学かなど，科学論として家政学の根幹にかかわる重大な論議であった．しかしその背景には，家政学原論関連の論文が，客観性を欠くとの懸念から学会誌への投稿や掲載が困難で家政学原論の存在が理解されないことや，一部の家政学部が生活科学部へ名称変更を行うなどのきざしがあった．

1965（昭和40）年に家政学会の理事でもあった山本キク氏が尽力し，自らが世話人となり，後の家政学原論研究会への伏線となる討論会を家政学の本質や定義について開催し，大橋 広，黒川喜太郎，中原賢次など12名の諸氏がそれに参加している．

第3期は，家政学原論研究会として発足した1968（昭和43）年から1972（昭和47）年である．厳密には1968年11月，顧問に前出した山本キク氏，世話人代表として松島千代野氏，そのほか原田 一氏，田辺義一氏の4名で「世話人会」（仮称）の発足をみ，翌年1969年3月，山本キク氏の題字による研究会会報誌第1号の発行を経て，同年11月に「世話人会」を「家政学研究会」として構成した．

この頃の出版物は，清野きみ『家政学要論』（明玄書房，1968），今井光映『家政学原理』（ミネルヴァ書房，1969），嶋田英男『科学としての家政学』（家政教育社，1969），道 喜美代・渡辺ミチ編『家政学』（有斐閣，1969），青木 茂編『新家政学原論』（中教出版，1970），柳田文一・原田 一・松島千代野『家政学原

論』（学文社，1970），田辺義一『家政学総論』（光生館，1971），常見育男『家政学成立史』（光生館，1971），園田恭一他編『生活原論』（ドメス出版，1971），黒川喜太郎編『家政学の課題』（ドメス出版，1972），原田 一『家政学入門―家政学原論のテキスト―』（家政教育社，1972）などで，まさに原論花さかりの様相を呈する．出版が活発なだけでなく，常見育男氏のように今までの家政学の成立過程についてまとめたり，原田 一氏のように家政学原論諸説を整理，比較したり，今井光映氏や松島千代野氏のようにドイツやアメリカ家政学の考えや動向を導入したり，園田恭一氏らのように家政ではなく生活への関心が寄せられたりと，本の内容も多岐にわたるものになった．

　研究会会報誌の内容からみると，研究会は当初，関係諸学の位置について論じていたが，次いで科学としての家政学の方法論や内容について言及するようになる．研究会のシンポジウムのテーマも，家政学の社会的貢献について，あるいは海外の家政学についての動向というように，研究の教育，普及など外に向かってのまなざしと議論がなされている．研究会発足当時の会員数は200名以上で，会報誌が初めて発行された同一年内に2号続けて出版されるなど，会員の意気込みはあふれるばかりであった．

　1968年に家政学会が開いたシンポジウム「家政学における関係諸学の位置」は，学会の原論に対する関心のあらわれとも重なり，原論の家政学における拡がりがみられた時期といえよう．なお，これらの動きは，1970年6月に国際家政学会から送られてきた「家政学の意義に関するアンケート」に学会が回答する際の原案を本研究会が作成することにもつながり，伏線を敷くものとなっていた．

　第4期は，1973（昭和48）年から1981（昭和56）年までの時期である．

　この時期の出版物は，加勢川 堯『新家政学』（明文書房，1976），嶋田英男『家政学原論要説』（家政教育社，1976），平田 昌他『講義・家政学原論』（中教出版，1976），松下英夫『ホーム・エコノミックス思想の生成と発展』（同文書院，1976），松島千代野『家政学原論集成』（学文社，1977），関口富左『家政哲学』（家政教育社，1977），小国弘司『家政学原論新講』（明文書房，1978），今井光映・堀田剛吉『テキストブック家政学』（有斐閣，1979），田中義英『要説家政学原論―家政学再出発の拠点』（ドメス出版，1980），亀高京子・仙波千代『家政学原論』（光生館，1981），宮川 満・宮下美智子『家政学原論』（家政教育社，

3.2 家政学原論の動向

1981）などである．

この頃になると，1960年代に出された家政学原論の著書の改訂版や新訂版などが，新しい執筆者を加えてあらためて出されている．それだけ当初の原論の課題が変化せずに問われ続けていることを示すものであるが，それらにドイツやアメリカの家政学の方法論を導入して論じられているものがみられるのがこの期の特徴である．今井氏や松島氏は，意思決定の方法を包含したシステム論的な思考を取り入れ，松下氏や関口氏は細分化してなかなか総合化のはかれない家政学への総合化を新しい考え方で導いた．特に，関口氏の「人間守護」というキーワードは哲学的なアプローチにより，ともすると自然科学的手法に重きの置かれている家政学研究の視点を本来の家屋や家に住まうことの本質から問い直そうとするものであり，人間生活への拡がりとともに，中核となる家政や家庭の本質をあらためて意味づけたといえる．

表3.1にみられるように，この間，家政学原論部会のセミナーのテーマも生活そのものに目が向けられ，本質論が問われるとともに，従来からあって未解決のままである領域論や体系論において，学問としてのあり方が問われていることがわかる．

次に，第5期として短い期間であるが，1982（昭和57）年から1984（昭和59）年をあげておきたい．この間の出版物には，岡村 益・横山シズ『家政学の考え方と研究方法』（高文堂出版社，1982）や川添 登『生活学の提唱』（ドメス出版，1982）などがあげられるが，欠かすことのできないのが，日本家政学会編『家政学将来構想 1984』（光生館，1984）である．

この頃から，ようやく家政学会本部が家政学の体系や総合化に積極的な関心を寄せてきたものの，この報告書の作成や内容からみて家政学原論研究はかやの外に置かれたような結果でまとめられたといっても過言ではない．報告書においての原論研究への批判は，その研究と議論が百家争鳴の状態にあり，ひとつの結論を見出せないことや社会的要請という学問的な態度に十分応えられる研究を原論が果たしていないというようなことであった．これについては1期から4期までに多くの原論研究者が深く関心を寄せてきた事柄や努力というものが十分に理解されていないように筆者は考えるが，多くの研究者が著書を出版し，セミナーなどで議論を重ねてきたことについての十分な敬意が払われず，直接的な結論のみ

表 3.1 家政学原論部会（研究会）セミナーのテーマ一覧

開催年	セミナーまたはシンポジウムのテーマ
1968	「家政学における関係諸学の位置」について
1969	(1) 家政学はいかなる科学か―方法論的考察 (2) 家政学を構成する諸学の位置―家政学の大系
1969	家政学の内容について
1970	家政学と諸学
1971	(1) 海外における家政学の動向 (2) 家政学の領域
1972	家政学の社会的貢献とは何か
1973	「生活」―家政学の原点
1974	新しい家政学の構想
1975	これからの家政学のあり方
1976	家政学の3つの課題―研究，教育，普及の諸面から
1977	家政学としての食物学，被服学，社会学・経済学
1978	家政学を構成する諸分野
1979	家政学を構成する諸分野―総合化，大系化
1980	家政学の総合化，大系化の基礎としての方法論について
1981	家政学の大系化―家政学における原論の役割
1982	家政学の将来構想を考える
1983	家政学の将来構想
1984	家政学将来構想の報告書について
1985	家政学原論授業の問題点
1986	家政学原論を考える
1987	家政学を考える
1988	いま，原論に問われるもの
1989	いま，原論に問われるもの2
1990	家政学と環境
1991	21世紀の生活をどうみるか〔家庭経営学部会との合同〕
1992	家政学と生活科学は同じか
1993	家政学と生活科学は同じか2
1994	家政学の Professional Development をめざして―総括・家政学と生活科学は同じか
1995	岐路に立つ家政学―アメリカ家政学の動向と日本家政学の将来
1996	21世紀家政学の地平を求めて―部会員全員による地区討議と総合討議―
1997	〈若手企画〉原論への問いかけを聞く―過去から，海外から―
1998	21世紀家政学のニューディレクション―新たなる軌跡
1999	少子化社会を考える―国際高齢者年にちなんで―〔4部会合同〕
2000	新しい世紀の家政学と家庭科教育の発展
2001	新しい千年紀に立って家政学を考える―被服・食物・住居・児童の諸領域から―
2002	個人・家族・コミュニティと原論研究―『家政学 未来への挑戦』との関わりで―

上村協子氏作成の表より加筆訂正，家政学原論部会会報，No. 32, p. 73, 1998

を急ぎ重視する偏った科学思考に基づいて批判されたとするならば，前節で論じた内容と重なるが，家政学にとって不幸なことである．

　もちろん，家政学原論部会のセミナーなどで議論をする際の共通理解や問題意

識の不十分さ，あるいは原論研究において固有の研究成果を導くことができたか否かなどについては反省するべきところも大いにあるかと思うが，当時，この報告書をめぐるセミナーで問われたのは，そもそも原論が原論研究者のものでありえるのかという逆説的な問いである．原論の研究者と他領域の研究者が相互に理解しあえる関係と議論が不十分であったことの現実を直視せざるをえない時期であったとともに，家政学会における若干の疎外感が原論の研究者にあったことも事実であろう．

このような事態に憂慮し，次に迎えたのが第 6 期である．第 6 期は 1985（昭和 60）年から 1989（平成元）年である．この間，部会は設立 20 周年を迎えたが，原論セミナーのテーマは家政学原論の教育や原論に求められているものを問うというように，家政学原論自身を見つめ直すことに向けられ，新たな原論の視点を探ろうとしたといえる．

そして，そのことから見出された視点は第 7 期に引き継がれた．第 7 期は 1990（平成 2）年から現在までで，そこにはまた新たな外部からの変革が家政学や原論研究に課題を出している．というのも，第 6 期で見出されたキーワードのひとつは「環境」であり，高齢社会や少子化の問題など 21 世紀の生活を視野に入れたものであった．原論のセミナーではこれらのキーワードを中心に議論が展開され，特に家庭経営部会との合同セミナー（1991 年）を試みて，十分ではないが第 5 期に問われた原論研究の成果の社会的還元への方法を探ったといえる．

しかし，このような本質論にかかわる議論を越えるものとして，学問の成立の根幹にかかわるような外的な環境条件の変化が新たな課題を原論に突きつけたのもこの期であるといえよう．

1992（平成 4）年以降 3 年にわたり，セミナーでは「家政学と生活科学は同じか」というテーマで議論が行われた．わが国における家政学部の名称変更がもたらす背景，名称変更によって得られる視点，失う視点をアメリカの家政学の動向と照らしながら，学問論として，生活論としての議論が伯仲したのである．

岐路に立ったということを実感する状況にもあったが，しかしこうした中で家政学原論はやはり生活科学に移行することよって失われる視点があるということ，人間の生活を見つめる際に不可欠なものがあることをあらためて認識したといえる．例えばそれは，人にとって家庭の存在とは何なのかということ，これは

容易に解明できていない古くて新しい課題である．このことは，人間の生活を語る際に不可欠な対象であるにもかかわらず，生活科学においては重きは置かれない対象であろう．

　また，この期になって家政学会の一部の支部から学会の名称変更への意向が出され，学会はまさにその方向へ向かおうと動きはじめていると思われるが，家政学原論研究においては，90年代のこれらの議論を通じて，あらためて本質論において問い続ける必要のあるものが存在することを確信したといえる．

　その限りにおいて，年々減少してきた部会の会員数ではあるが，90年代になって若手の新入研究者が増え，積極的に発言し活動を行うようになってきていることがそれを裏づける．この若手研究者たちは，学問論や本質論だけではなく，広い意味での家政思想史にかかわる家政学史にも興味を覚え，歴史をふまえた議論の展開が可能になるように心がけた活動を始めている．そして，明らかにこれまで深い洞察や思索をもって原論研究を行ってきた先駆者達とはタイプは異なるが，若い研究者が実証的，分析的な視点を強調した調査研究を行うことを許容することにもなってきている．

　1999（平成11）年には，家政学原論部会，生活経営学部会，家族関係学部会，家庭経済学部会による4部会合同セミナーを「少子化社会が提起する諸課題—国際高齢者年にちなんで—」と題して開催した．ここでは，学問の専門分化の流れはせき止められないとしてもアプローチの仕方が個々にいかなる成果を見出せるかが各々の課題となり，事実それぞれの違いとともに，その独自性や限界を認識できたものとなったといえよう．

　また，2000（平成12）年のセミナーのテーマは「新しい世紀の家政学と家庭科教育の発展」であった．従来と異なるのは原論が家政学の動向を把握し，それを支える家庭科教育にいかに根本的な還元ができるかという単純な図式ではないということからの出発であった．すなわち，家庭科教育の理念，内容そのものがすでに家政学の研究方向と必ずしも重ならなくなり，いわば今までの相互還元できる関係から分岐し，互いに接点が見出せなくなった状況にあることの確認となったのである．

　家政学を支える大学の家政学教育，それに関連する初等・中等教育としての家庭科教育とのかかわりは，それを学び研究する人の育成を考えると重要であり，

現在の学問としての家政学の方向性が独り善がりのものである限り，この学問の将来は一層厳しいものとなるに違いない．そして，こうした事柄に関心を寄せ，全体的に論議できるのも，いまや家政学においては原論が担うものとなってしまったといえる．

そういう意味で2001（平成13）年は新たに家政学と諸学の関係，特に個々に巨大化し，細分化した家政学内の諸領域について体系を整理する必要が生じてきている．このことは，やはり古くて新しい課題であるが，それらを十分に消化できないままそのつど外部環境の変化にさらされて，原論はその後始末をしてきたともいえる．

いまや，家政学原論研究にある視点は，こうした事の整理だけではなく，積極的な外部へのアプローチであることは自明である．ただし，その土壌がいかに不安定なものであるかを十分知っているのも事実である．

なお，第6期以降，家政学原論に関連する単著は激減する．1989（平成元）年民族学の梅棹忠夫は『情報の家政学』（ドメス出版）を出版し，家政学内部の状況とは裏腹に家政学の可能性を示唆する．1985（昭和60）年には家政学方法研究会が『ホーム・エコノミックス—新家政学概論』を，1991（平成3）年には宮崎礼子・伊藤セツらによる『家政学理論』（有斐閣）や林 雅子・松島千代野らによる『新家政学』（有斐閣）なども発行されたが，1990（平成2）年には日本家政学会も家政学シリーズの一環として『家政学原論』（朝倉書店）を発行し，今までの百家争鳴的な論者の見解というより，基本的には1984年の家政学会の定義を踏襲する域を越えない著書が多くなる．

しかし，特筆すべきは人間守護という概念を柱に家政哲学を借定し，独自の家政学原論の構築について論究してこられた関口富左氏が編著した『人間生活学論究—人間守護理念による諸科学の総合化』（紀伊國屋書店）が1996（平成8）年に発行され，その3年後の1999（平成11）年に『人間守護の家政学—福祉社会の実現をめざして』（家政教育社）が続刊されたことである．

家政学が人間生活に密接に関連しつつ，そのつどそのつどの状況を省みながら，一方では現実の人間生活によって突き破られ，その体系は完結することはありえないということを想起させる存在感がそこにある．そしてできる限り，自らの言葉をもって表現することを怠らずにいること，またそのような姿勢を貫き，

なおも家政学としての使命と課題を説いていることが何より重要である．

世紀が変わり，2001年に出版される本著も数少ない家政学原論の著書のひとつとして，その流れの中にあることを願うばかりである．総じて，家政学原論をめぐる環境は厳しいものであるが，その動向は21世紀にあっても人間生活の本質を見つめるものであるに違いない．〔川上雅子〕

文　　献

1) 松村　明編：大辞林（第2版），p. 823, 964, 2716, 428，三省堂，1995
2) この内容については，日本家政学会：家政学雑誌，**20** (5), 1968に掲載されるとともに，田辺義一：家政学原論―20年の回顧と展望―，家政学総論，pp. 189-196, 光生館，1975に収録されている．
3) 上村協子：家政学原論と家政学原論部会，家政学原論部会会報，No. 32, pp. 112-115, 1998
4) この論争については，以下の報告が現代の視点から述べている．
正保正恵：雑誌『家庭科教育』にみる1960's家政学・生活科学論争，家政学原論部会会報，No. 32, pp. 106-111, 1998

4. 世界の家政学

4.1 ドイツの家政学

a．ドイツにおける家政学・家政教育の歴史的背景と教育制度

　ドイツの教育は性的役割分担思想のもとに発展した．したがって家政教育も1970年代半ばまで女性を対象としたものであった．M. ルター（1483～1549年）は男女にかかわらず有能な者には中等教育以上のものを与えるべきであると示唆しつつ，男性は国土と人民を統治し，女性は家庭と子どもと僕婢を管理すべきであるという教育理論を主張した．そして後者の思想のみが近代教育学の女子教育思想に受け継がれたのであった．近代教育学の父，W. ラトケ（1571～1635年）の著書『一般教育学（Allunterweisung）』には，すでに Haushaltslehre や Hauslehr（家政論）の名称があるが，これは古代ヨーロッパ経済学の家政理解であり，農業社会を対象としキリスト教的世界秩序を枠とした大家族制度における家父長学で，男性を対象とした[1]．この家父長学は近代経済学の発展に伴いしだいに消滅したが，教育における性的分離の思想はなおも継続していった．18世紀後半になると女子教育が J. B. バセドー（1724～1790年）らの汎愛学者によって推進され，女性の使命は，男性と家庭のための生活にあるとされた．女子教育の任務は，配慮のいきとどいた保健，掃除と整頓，従順と忍耐，礼儀と社交，とりわけ淑やかさと端正さを養うことにあるとし，さらに家庭生活の改善，向上をはかるための教育を与えねばならないとした．このような女子教育は19世紀になると，当時の国民学校，職業学校，高等淑女学校などに Haushaltskunde

(家政論)として導入された．この家政論は工業化していく当時の社会にあって，調理と栄養，保育，住居の維持，洗濯，家計に必要な計画などの範囲において人々に貢献したことは事実である．やがて20世紀の初頭になり，家政教育を少年にも与えるべきであるという構想が生じたが，社会と学校に厳然として存在していた性的役割分担思想に阻まれて公的論議に至らないまま，第二次世界大戦の

図4.1 1990年代のドイツの教育制度[2]

終結となりドイツは2つに分かれた．政治的イデオロギーの対立により，旧東ドイツは旧ソ連の教育的影響を受け，家政教育を削除し，旧西ドイツは伝統的教育制度である三分岐型教育制度を復活させ，家政教育を当然のごとく女子のみを対象とする伝承的技能教育として位置づけた．

40余年を経て1990年，旧西ドイツ（11州）が旧東ドイツ（5州）を編入し統一が行われた．

図4.1は1990年代のドイツの標準的な学校制度である．すべての子どもは6歳で4年制の基礎学校に入学する．それを終えると5〜6年制の主要学校，6年制の実科学校ならびにギムナジウム（中等教育Ⅰ，Ⅱ合わせて9年制）のいずれかを教師と親の合意のもとに選択する．中等教育段階がこのように3つに分けられることが三分岐型である．総合学校は9歳から10歳という早期に将来の進路をほぼ決定づけるこの制度の是正のために3種の学校を総合したタイプのものであるが，全生徒の7％ぐらいしか入学していない（1992年）．是正のもうひとつの方法が第5，6学年に示されているオリエンテーション段階である．この段階では3種の学校間を，定められている規則のもとで移行できる．

中等教育段階の主要学校を5〜6年制と上記したのは，例えばバーデン・ヴュルテンベルク州では1994年より6年制となり，6年目は生徒の任意によるからである．したがって主要学校を5年間で終えて二元制職業学校へ進む者もいる．6年目すなわち，第10学年を終えれば実科学校修了と同じレベルの修了証を得る．ギムナジウム13学年を終了しアビトゥアという試験に合格すれば大学入学資格を得る．高等教育段階では，1970年代より専門大学などが設置され教育機会が拡大，多様化された．

b．大学における家政学，エコトロフォロギーの誕生

ドイツの総合大学（Universität）は哲学，神学，法学，医学の学部を有し，近世に至るまで農学，工学，経済学を異質のものとして，これら実学の大学を単科大学（Hochschule）とした．19世紀になると農業，工業および商業に関する単科大学が総合大学と並んで高等教育制度の一環を占めるようになり，このうちの農業単科大学，あるいは20世紀近くになって総合大学に加えられた農学部においてエコトロフォロギー（Ökotrophologie）の前身である家政学課程は，

2～4学期制のコースとしてその発展の途が開かれた．例をあげるとボンならびにベルリンの農業単科大学に家政教員養成所の女教師のための上級課程が整備され，特に後者の大学には1926年に家政学研究所が設立されている[3]．

第二次世界大戦後の高等教育の改革は旧西ドイツにおいては1950年代後半より開始された．しかしドイツ家政学会（Deutsche Gesellschaft für Hauswirtschaft e. V.）は1951年に設立され，学会誌『Hauswirtschaft und Wissenschaft』を年6冊発行している．1959年にこの学会の中に家政教育委員会（Fachausschuss Hauswirtschaftliche Bildung）が設立され，次項で述べるように中等教育段階における家政教育の改革に中心的な活動を行うのである．なお，この委員会の現在の名称はFachausschuss Haushalt und Bildungである．

今まで学問として市民権がなかった家政学の分野がエコトロフォロギー課程として，ギーセン大学（1962年），ボン大学（1966年），ミュンヘン工科大学（1965年），ホーエンハイム大学（1967年），キール大学（1970年）の5つの総合大学に設置された（30余年を経た現在，新たにブレーメンなど3つの総合大学，エスリンゲンなど3つの教育大学，ミュンスターなど5つの専門大学にも設置されている）．上述したギーセンなどの5大学は19世紀後半より農学部を有しており，その農学部に家政に関する2～4学期制の課程が付置されていてそれがエコトロフォロギー課程の母体となった．

エコトロフォロギーとは，ギリシャ語のオイコノミヤ（oikonomia）すなわち家政と，トロフェ（trophe）すなわち栄養の合成語であり，家政の範疇に含まれる学問と健康を維持する栄養学とを包含し体系的学問として1960年代より男性を含む学生を対象として研究と教授が行われるようになった[3]．この課程は他の学問分野と同様に学問的教育である限りにおいて職業活動の準備であるといえる．したがってその内容は静的な職業像へ向けられているのではなく広汎な職業的発展の可能性の基礎を培うべく形成されたものである．そのカリキュラムと卒業後の職業活動は文献を参照していただきたい[4]．特筆すべきことは6ヶ月間の実地研究が必修として含まれていることである．これは2ヶ月単位で休暇中に，私的家庭，公共施設で行われる．学校教育制度と社会教育制度が複合して実地研究がなされているのはエコトロフォロギー課程の特徴のひとつであろう．1973年，エコトロフォロギー課程の規則大綱が可決されて以来，ドイツの大学生の権

利である大学をかえて学習する自由（Freizügigkeit）がエコトロフォロギー課程の学生にも認められ，家政学士（Diplom Ökotrophologe），家政学博士（Doktor Ökotrophologe）など家政学独自の学位も認められた．

c．中等教育段階における家政教育の男女共学化

女子をのみ対象とする伝承的教育として位置づけられていた家政教育を，男女を対象とする普通教育ならびに職業教育に改革した最初の貢献者は，E. リッペルトである．リッペルトは1929年に博士の学位を取得してライプチッヒ大学を卒業，大学教員資格（教育学と心理学）を取得しギーセン大学に勤めた後，1946年にヘッセン州文部省参事官になった．ドイツ家政学会に家政教育委員会を設立し，1960年より1968年まで委員長として活躍し1993年に永眠した．

この委員会の最初の取り組みは「ドイツ連邦共和国における家政教育の実態調査」であった．その結果は伝統的技能取得の枠から一歩も出ていない状態を関係者に認識させたのであった．しかしリッペルトが参事官であったヘッセン州のみは，新しい教科名「Familienhauswesen（家族）」が構想されていた．なぜならリッペルトは家政教育の任務は，事象的能力を培う領域（Sachleistungsfeld）のハウスハルト（Haushalt，家政）と，人間性を培う領域（Menschlichenleistungsfeld）のハウスヴェーゼン（Hauswesen，家政の本質）の両方にあるとした．このことにより男女共学を主張し教科名をFamilienhauswesen（家族）としたのである．しかしリッペルトのこの家政教育理念は当時の旧西ドイツ全体へ受け入れられるには至らなかった[5]．

次にリッペルトの意志を受け継ぎ，彼女とは別の理念的アプローチで男女共学を実現させたのが，I. リヒャルツであった．リヒャルツは，1961年ゲッティンゲン大学に入学し，農学，経済学，社会学，教育学，美術史などを学び「前工業社会の家父長制における家政」の論文で社会学博士を取得し，1973年にノルトライン・ヴェストファーレン州のレールプラン（日本の学習指導要領に相当）委員会委員長を務め，1992年にミュンスター大学を退官している．

リヒャルツは家政を社会経済統一体（Soziöokonomische Einheit）とし，また人間の共同生活（Zusamenleben）であると把握している．すなわち社会構造の最小構成体であり社会の諸事象に相互依存する領域であることを強調し，しか

4. 世界の家政学

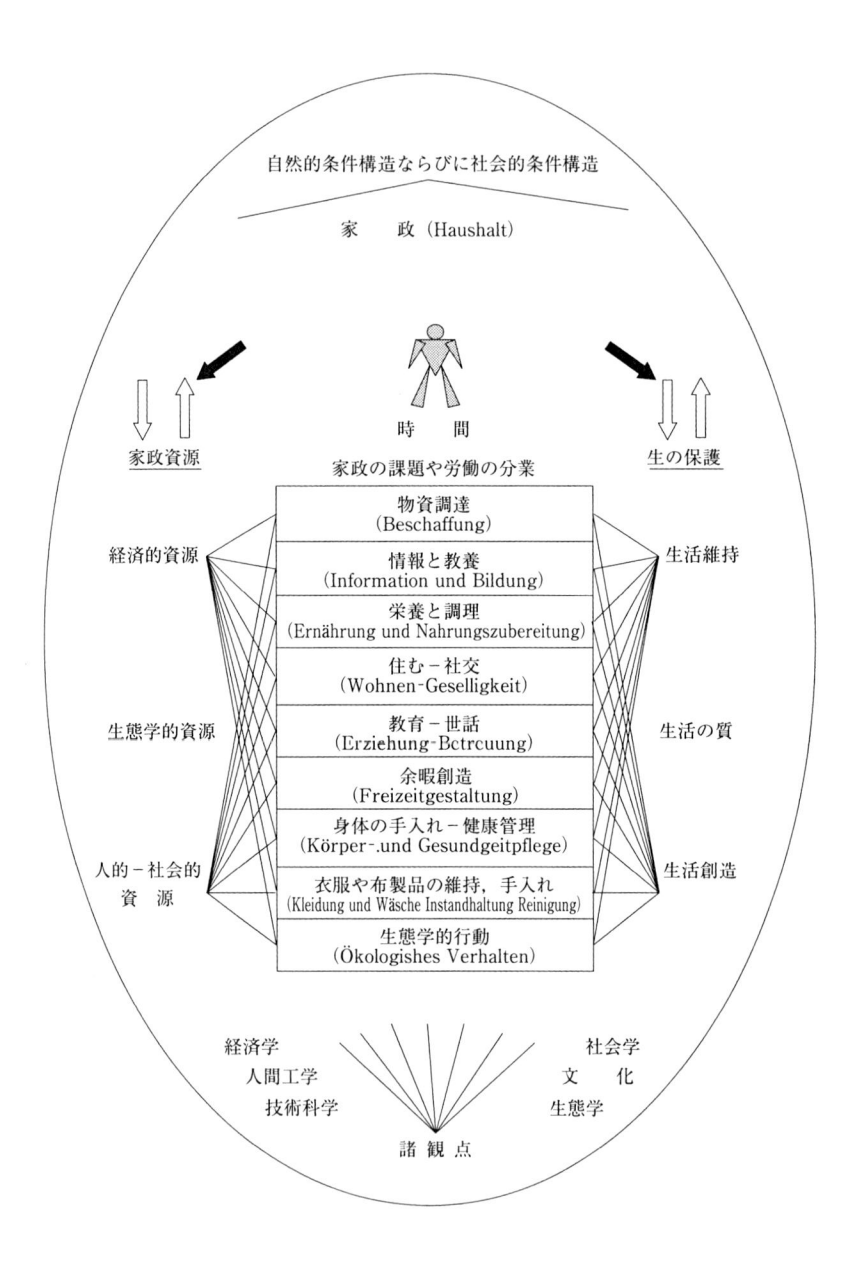

図4.2 1990年代のリヒャルツの家政概念（Richarz, 1998）

（図中の内容）

自然的条件構造ならびに社会的条件構造

家政（Haushalt）

時間

家政資源　　　　　　　　　　　　　　　生の保護

家政の課題や労働の分業

- 物資調達（Beschaffung）
- 情報と教養（Information und Bildung）
- 栄養と調理（Ernährung und Nahrungszubereitung）
- 住む－社交（Wohnen-Geselligkeit）
- 教育－世話（Erziehung-Betreuung）
- 余暇創造（Freizeitgestaltung）
- 身体の手入れ－健康管理（Körper-.und Gesundgeitpflege）
- 衣服や布製品の維持，手入れ（Kleidung und Wäsche Instandhaltung Reinigung）
- 生態学的行動（Ökologishes Verhalten）

経済的資源　　　　　　　　　　　　　　　生活維持
生態学的資源　　　　　　　　　　　　　　生活の質
人的－社会的資源　　　　　　　　　　　　生活創造

諸観点：経済学，人間工学，技術科学／社会学，文化，生態学

も社会からの「引きこもり空間（Rückzugsraum）」とは理解していない．家政は，社会的責任を自覚した市民への育成の重要な教育分野であると認識している．

リヒャルツは「Haushalt」は「Haus（家）」を「halten（管理運営）」することであり，Hausは血族や姻族関係で結ばれたいわゆる家族のみの居住空間を対象とするのではなく，人が生活あるいは共同生活を営みつつ生きている場がHausであると認識し，家政の対象をFamilien（家族），Wohnungsgruppe（居住共同体），そしてAnstalt（公共的性格をもった学校，病院，福祉施設での生活者）としている．つまり家における生活の管理運営を対象とする家族の居住空間を中核とするが，それだけではなくアパート，マンションその他の住宅，あるいは近隣，村，町というふうに一定の集団居住範囲に生活する居住共同体，さらに学校や職業空間など公の機関まで包括した広い視野から解釈をしている．そこには年々増加する一人暮らしの世帯も含まれる．すなわち，家庭にのみ集中することによって知的偏狭の危険に陥り，家庭外の世界から孤立することを防ぐことが家政に関する教科の任務でなければならないとしている．

近年，リヒャルツの家政理念はさらに拡充されている．すなわち，家政の人的-社会的観点を一層重視するとともに，近年の地球規模での環境破壊を取り上げ新たに生態学的観点からの包括的な理解を主張している．つまり，生態学的資源は経済的資源および人的-社会的資源である家政資源に必要不可欠な資源であり，さらには現在，未来にわたってあらゆる生命を維持・創造していくための根源であるからと述べている[6]．図4.2はリヒャルツの家政概念を表したものである[7]．

d．実科学校における教科名の変更

1980年代になると環境教育は，初等・中等教育段階の中へ取り入れられるようになった．1994年よりバーデン・ヴュルテンベルク州においては，地域，自然，環境，家族，隣人，ジェンダー，情報，嗜癖物（薬，アルコール）は，教科の枠を取り払い諸教科統合学習としてなされるようになった．環境についてはさらに進められ，特に実科学校の教科「家政/被服（Hauswirtschaft/Textiles Werken）」は，教科「人間と環境（Menschen und Umwelt）」と改称され，家

政教育として生活と環境の観点から意欲的に進められている[8]．

ドイツ中等教育段階における家政教育は，人と人とがかかわる社会環境ならびに人と物とがかかわる自然環境との密接な相互作用の中で，主体的かつ責任をもって環境を創造する能力を育成する教科へと発展したのみならず，男女という性の枠を越え一人の人間として互いに協力し，男女共同参画社会の実現を促進する全人教育を目ざすグローバルな教科へと発展している．　〔中川　睟・上原康代〕

4.2　北欧の家政学と家政教育

　北欧諸国は，ノルウェー，フィンランド，スウェーデン，デンマーク，アイスランドの5ヶ国からなるが，本節では，アイスランド以外のスカンジナビア半島を中心とする4ヶ国を取り上げる．互いに歴史的，文化的に密接な関係があり，いずれの国も19世紀以降の工業化の急速な進展の中，生活水準の質の確保や男女平等，福祉の充実を国の目標として追求してきた点に共通の特徴がある．

　1999年12月，コペンハーゲンにおいてデンマークの家政学誕生100周年を記念した会議 "Home Economics for 100 years, Home Economics in the 21 st Century" が開催された[1]．この会議には北欧の家政学，家政教育関係者が集い，これまでの家政学を振り返り，未来を展望する議論がなされた．デンマークに限らず，北欧各国は，いずれも100年あるいはそれ以上の家政学，家政教育の歴史を有している．

　本節では北欧各国の家政学，家政教育のこれまでのあゆみと現状について概観し，「生活の向上とともに人類の福祉に貢献する」（日本家政学会編：家政学将来構想1984）という家政学の命題にかかわって，生活の質の向上や，男女平等の達成に，北欧の家政学はどうかかわってきたのかについてみていく．

a．北欧各国の家政学・家政教育の成立と発展過程
1）ノルウェー

　1890年代より一部の私立学校で短期間の家政教育プログラムが実施されていたが，家政学の本格的な始動は，1909年ノルウェー婦人国民会議の支援のもとで，オスロ郊外に家政学校スタベック（Stabekk）が開校されたことに始まる．

開校時は，中・上流階級の子女を対象とし，家政の知識・技術の習得と家政科教師の育成を目ざす1年制の寄宿学校であった．その後1925年に2年制学校となり，さらに48年後の1973年に3年制のカレッジに昇格し，名称もスタベック・カレッジと改称された．1979年にはアルタ・カレッジにも家政学科が設立され，現在家政科を有する大学はこの2校であるが，特にスタベック・カレッジはノルウェーの家政学，家政教育の中心校としてその役割を果たしてきた．

1994年より同校は職業科目専門教員養成の連合大学（Akershus College）に統合されて，家政学科（修士・博士課程を有し家政学の専門職・研究者の育成，家政教育の教員養成）と，家政系職業人育成の2学科—「アコモデーション・マネージメント科」（施設・企業の衛生管理，環境整備技術者養成），「インスティチューショナル・ケイタリング・マネージメント科」（ホテル，レストラン，病院，施設などの栄養管理士，調理技術者養成）—を擁する家政系カレッジとなっている．

ノルウェーでは1978年の男女平等法の成立により，1980年代から90年代にかけて男女平等教育が積極的に取り組まれ，女性が社会で専門職について働くことが奨励された．女性の就業率は約7割と高く，事実，上記のレストランの調理担当者，ホテル・マネージメント分野の女性就労者の割合は高い．家政学が，家政分野の専門科学の探究とともに，家政関連分野の職業人養成という側面から女性の社会進出に積極的な機能を果たしてきていることは，ノルウェーにおける家政学の特徴といえる．

一方，義務教育段階の家政教育（以下家庭科）は1938年に女子の義務教育の開始と同時にカリキュラムに導入された．1959年にすべての教科で男女同一カリキュラムが実施された時点で家庭科も男女必修の教科となり，現在に至っている．

2）フィンランド

1890年代に家政科教師の養成校がヘルシンキに開校され，家政教育が開始された．1915年には政府の委員会報告書の中で，大学教育も含めた家政教育の必要性に関する詳細な提言がなされた．これらを背景に1928年に家政学関連の教師養成カレッジが設立され，1935年には義務教育段階において女子に家庭科が必修として課せられるようになった．1970年に9年制の義務教育学校の再編以

降，家庭科は男女必修の教科となっている．

　総合大学であるヘルシンキ大学に家政学部門が設置されたのは1940年代で，1948年に家庭経済学科（Household Economics），1949年に栄養化学科，1969年に家庭経営工学科（Household Technology）と順次，研究者と研究分野が整備された．家政教育がヘルシンキ大学の家政学の研究部門に加えられたのは1975年で，1979年に修士課程，1990年に博士課程が発足した．卒業後の進路は家庭科教師のほか，商品科学研究所などの研究員，栄養・調理関係など家政学関連の専門職であり，職場での実務経験の後，博士課程へ再入学する学生も近年増加している．家庭科教員養成はヘルシンキ大学が中心であるが，ヨーエンスウ大学など家政学部門を有する他大学においても行われている．

　以上のように，早くも1910年代に大学での家政学研究の必要性が公的に検討されたこと，また近年，ヘルシンキ大学の家政学（Department of Home Economics and Craft Science）博士課程を中心に，消費科学，商品科学，家庭科教育に関する積極的な研究活動がなされている点がフィンランドの特徴といえる．

3）スウェーデン

　19世紀後半より女子の教育が一般的になり，1880年代には人口3,000人以上の町に6年制ないし8年制の女学校が設置された[2]．これら女学校では家政にかかわる教育が実施されたが，1909年6年制の初等学校（フォルクスコーラン）と選択制の中等学校が導入された後も家庭科は女子用の教科であった．1919年の学校制度の改定で，公民科（シビック）が誕生したが，この新教科は家庭科と同様に家族や家庭の学習をその出発点に置いていた[3]．すなわち，スウェーデンにおいては1920年代より家庭科と公民科の両方で家庭生活を学習内容としていたわけである．こうした背景には20世紀初頭のスウェーデン社会において家庭生活・家族が社会の基礎として重視されていたことがあげられる．履修の形態はこの時点では家庭科は女子のみ，公民は男女ともに教えられていた．家庭科そのものが男女必修の科目となるのは，1962年，義務教育学校制度の開始以降である．

　高等教育としてのスウェーデンの家政学は，ウプサラ，ヨーテボリ，ウメオの各総合大学の所在地に開校された家庭科教員養成カレッジにおいて発展し，1960年代以降，各大学の学部，学科として位置づけられた．現在，家庭科教員を養成

しているのは前者の2大学である．このうち，ヨーテボリ大学では家政学部内で児童学，木工・金工芸，食物・栄養学などの教員養成を行っている．また1992年度から家政学部で博士課程が設置された．一方，ウプサラ大学では1994年より教員養成学部が独立再編され，学生は家政学部で食物学，栄養学，消費科学，家庭経済などの専門教科を，教員養成学部で教科教育の実践的教授法を学んでいる．

4) デンマーク

家政教育は1899年に学校教育の一科目として導入され，当初は家庭科と工芸は女子に履修が限られていたが，1975年の教育改革により男女必修の教科となった．

家庭科教師のうち，まず義務教育学校の教師はデンマーク全土にある10の教育系単科大学（3.5～4年制）で養成され，12週の教育実習，一般教科，教育科目に加え，専科免許取得に必要な家庭科専門科目を履修する必要がある．またこれら義務教育学校の教師がさらに研修を積んだり再教育を受ける場として，デンマーク王立教育大学がある．一方，高等学校，専門学校，およびそれ以上の学校の家政系教師になるには，家政学，消費科学の専門課程のある教育系大学（デンマークに2校）で学ぶ必要がある．卒業生は公立学校の教師のほか，成人学校の教師，企業や公的機関の消費アドバイザー，栄養相談員などとして活動している．

なお，家政学の専門分野の研究機関としては，1957年にオーフス大学に家政学研究所（食物学，臨床栄養学，家族学・消費科学）が設置され，教師の再教育や研究者の育成を行っている．

これらに加えてデンマークに特徴的なのは，グルントヴィ（N. F. S. Grundtvig, 1783～1872年）が提唱し19世紀後半に農村を中心に普及したフォルケホイスコーレ（民衆のための学校）の一形態としての家政学校である[4]．現在でもこの流れを汲む家政系の私立学校は全国に20校以上あり，政府の助成金を受け16歳以上の男女に学習の場を提供している[5]．公教育の目標やシラバスの拘束を受けずに自由な理念や学習計画をもち，入学試験もないのが特徴である．

b．北欧の義務教育段階における家庭科教育

北欧の義務教育段階の家庭科は，19世紀後半より公教育の普及に伴って教科

表4.1 北欧4ケ国の義務教育段階における家庭科教育

国	デンマーク	フィンランド	ノルウェー	スウェーデン
科目名	家庭の知識 Hjemkundskab	家庭科 Huslig ekonomi	家庭の知識 Heimkunnskap	家庭の知識 Hemkunskap
改訂年度	1994/1995	1994	1997	1994
必修学年 時間	・4～7学年のうちの1年またはそれ以上 ・週2～3/年間80～120レッスン	・7～9学年 ・114レッスン	・1～5学年 総合学習の一部 ・6学年週3/年間114レッスン ・9学年週3/年間114レッスン	・1～9学年（多くは4～8学年） ・118レッスン
形態	・男女共修	・男女共修	・男女共修	・男女共修
選択学年	・8～10学年 ・週2～3レッスン	・8～9学年	・なし	・総合学習その他の一部として
形態	・男女共修	・男女共修		
学習内容 (必修)	○調理，栄養，食品 ○衛生管理 ○消費者教育 〔学習の視点〕 ・健康と生活の質 ・資源と環境 ・社会，文化，歴史的側面 ・審美的な事柄への配慮 ・学校，家庭，社会での実践	○栄養と食文化 ○思慮深い消費者 ○住宅と環境 ○ともに生きる	1～5学年 ○食品と調理 ○家庭の仕事 ○地域の環境 ○子どもと家族 6～9学年 ○食物/食品への理解 ○健康/ライフスタイル ○衛生/清掃 ○消費と環境への責任 ○人をケアすることと社会的責任	○食物学習（調理，食習慣と食事の健康への影響，食文化，食費） ○住居（住居の管理，住環境，審美的な配慮，衛生と健康への影響） ○家庭経済（商品の適切な選択・購入・支払い，消費者情報，消費者の権利と影響力，経済的な消費）
学習目標	・家庭における仕事を担い，責任を分かちあい，自然や文化や社会とかかわって生活の状態や価値を洞察する力を養うための知識やスキルを身につける ・実践的，実験的，創造的な課題に取り組むことを通して，感覚的，審美的な経験を重ね，暮らしの楽しさや自己を大切にする気持ちを育てる ・自国や他の国の文化を理解し，環境や健康や生活の質を保つための資源の活用の仕方を理解する	・日常の生活をよりよく営むための力をつける ・人類の安寧や，個人，家庭，家族にかかわる重要な問題，およびそれらと社会や環境とのかかわりについて考える ・自分自身の健康や金銭を管理し，他の人々や自分をとりまく環境とのかかわりに責任をもつ ・理念や計画，意思決定，評価と実践的活動とをつなげる	・自己の生活を管理する力や，地域へ配慮する気持ち，社会に対する責任感やそれを担う能力を育てる ・男性と女性がともに家庭と家族に対する責任を担いあう社会において，家庭生活の実践的な仕事を経験する ・健康なライフスタイルを選択し，環境に配慮した判断と選択と実践についての理解を深める	・健康と質の高い生活についての知識を習得する ・分析力，問題解決力を育てる ・健康，金銭，環境に関する日常の生活行為がどんな結果を生み出すかを振り返り考える習慣を身につける ・慎重で批判力のある消費者になる ・将来の家庭生活で出会う様々な仕事を女子と男子で協力して分担しあう

Home Economics in Curriculum and Research, Nordic-Baltic Research Workshop in Home Economics, The Royal Danish School of Educational Studies, Dep. of Biology, Geography and Home Economics, pp. 44-45, 1998 をもとに筆者作成．

目のひとつに位置づけられ，女子用教科として発達した．その後，教育制度の体系化に伴い，1960～1970年代に男女必修の教科となった．

表4.1は，1990年代の教育改革を経た北欧各国の新教育課程の家庭科について，科目の名称，改訂年度，履修形態（学年，時間，形態），学年，学習内容，学習目標などを横断的に整理し，示したものである．義務教育は5, 6歳から14, 15歳までの9～10学年制で，家庭科は主に4～9学年において履修されている．

いずれの国においても，学習の柱は，食物（食品・栄養・調理・食文化），環境・衛生（被服衛生・住環境・環境保護），家庭生活（消費者の権利・保護，家庭経済，家族）のおよそ3つの分野で構成されており，特に食物関連学習の比重が大きい．学習目標としては，自己の健康と生活の質を管理し，地域社会や環境と家庭生活との関連を理解し，生活の価値を洞察するための知識やスキルを身につけることが共通に掲げられている．すなわち，省資源や環境保護にかかわる学習，消費者の権利・義務，消費行動の社会への影響力についての学習など，家庭生活から出発し社会を支える市民としての自覚と能力を育てる学習の視点が盛り込まれている[6]．また，男女が家庭と家族に対する責任をともに担う意識を育てること，つまりジェンダーに囚われない意識を育てることが，学習の基本的な視点として押さえられていることも共通の特徴である．

c. 北欧の家政学・家政教育の新たな動向と課題

19世紀後半に生まれた北欧の家政学は，これまでみたように，ヨーロッパの伝統的なドメスティック・サイエンスの流れを汲んでおり，自然科学，社会科学の総合科学としての家政学については，フィンランドで一部活発な研究的取り組みがみられるものの，総じて研究者，研究機関の数も多くはなく，十分な発達をみたとはいいがたい．その一方で，ノルウェーに代表されるような家政専門職の職業人の育成や家政教育教師の養成については，19世紀末からいずれの国においても積極的に取り組まれてきた．その意味では，北欧の家政学は，これまで家政教育の歴史と展開がその中心にあったということができる[*1]．家政分野での職業人の育成は，女性の就労を可能にし，女性の社会的自立を積極的に支援してきたという面で，北欧の男女平等の推進に一定の役割を果たしてきたことは間違い

ない.

　1990年代に入り，フィンランドのターキ（Kaija Turkki），スウェーデンのヤルメスコグ（Karin Hjälmeskog），デンマークのベン（Jette Benn）らによって，アメリカのブラウン（Marjorie M. Brown）やトンプソン（Patricia J. Thompson），カナダのバディア（Doris Badir），エンバーグ（Lila E. Engberg）らの家政学理論や研究成果に学びながら，北欧の家政学，家政教育の理論的枠組みを深化させるための研究や議論が活発になされている.

　この北欧における新たな議論は，これまでの家政学が，人間やその生活行為，家族の暮らしやそれをとりまく社会・世界を狭い視野でしかとらえてこなかったのではないか，との批判と反省から出発している．その中心的論客のターキは，「家政学・家政教育とは，日常の生活のあらゆる文脈における考え方や行動の仕方を提示する，すなわち暮らしの"哲学"にかかわる問題を探究するホリスティック（holistic，全体的）な学問・教育である」[7]と主張する．そして家政学におけるホリスティック・アプローチとは，単に自然科学と社会科学の橋渡しをすることではなく，個人や家族の生活の個々の事象が人間をとりまく社会事象全体のどこに位置づくかを知り，各事象間の関係を明らかにするアプローチであり，現実を価値づける新たな知識の枠組みが必要であると提言している[8].

　北欧諸国において，生活福祉の充実や性平等の一定程度の達成が可能となった背景には，デンマークの民衆学校に代表されるような草の根民主主義の伝統のもとで，政治・行政の公的領域に対して，「個人や家族の生活領域」，すなわち私的領域の視点を反映させる試みが，長い年月をかけて積み上げられてきたことがあげられる．これらは各国の民主主義の成熟の過程で取り組まれてきた．家政学に問われるのは，この私的領域の視点を反映させるという営為に，これまでどの程度，意識的にかかわり成果をあげてきたかである[*2]．現在，北欧の家政学において提起されている新たな議論は，この私的領域から公的領域への研究・教育の視点を家政学，家政教育の中で，さらに関連の学問分野との連携の中で，今後どう積極的に理論化するかの問題とかかわっているといえるだろう．

〔荒井紀子〕

注

- *¹ ちなみに第19回国際家政学会(1996年)における北欧の研究発表20件の内訳は,半数が家政教育関連,ほかは資源・環境(4),消費科学(2),被服(3),家庭経営関連(1)であった.
- *² 新教育課程の家庭科についてはc項に述べたように,学習目標に,家庭から社会へと拡げる学習視点が明記されている.これは,ターキをはじめとする家政教育研究者がシラバスの編成にかかわり,新たな視点を意識的に盛り込んだことが影響している.

4.3 アメリカの家政学―その成立と転換を担う本質理念の継続性―

今,地球環境問題が深刻化している.20世紀は科学が大きな進歩を遂げた時代であったが,経済問題が最優先され,環境破壊と少年犯罪は増加の一途をたどっている.したがって,21世紀は,公害という環境破壊と生活破壊現象からわれわれの生活や生命を守るための,環境保全・環境改善の世紀であり,われわれが実現すべき価値とは何なのか,価値を問う世紀でなければならない.

アメリカ家政学(以後,ホーム・エコノミックスという)は,100年前,その創始者エレン・H・リチャーズ(Ellen H. Richard, 旧姓Swallow)によって,人間開発・環境改善のための「環境生活教育」と,生活の価値を守る「価値の教育」を重視するものとして出発した.その後,ホーム・エコノミックスは幾度かの転換(内容の改革と改名)を行ってきたが,ここに,ホーム・エコノミックスの流れをたどり,その転換を担ってきた理念の継続性について明らかにしたい.そして,現在の転換をありのままに受け入れ,よりよい今後のあり方について考えてみよう.

a. ホーム・エコノミックスの源流

ホーム・エコノミックス(Home Economics)は20世紀のはじめに突然できあがったものではなく,遠くヘブライ以来のキリスト教思想と古代ギリシャの文化の影響を受けて形成・発展してきた.

1) ホーム・エコノミックス運動の始まり

ホーム・エコノミックス運動の真の始まりとは,科学者たちによって,日常家

庭生活の向上について関心が払われ，幾多の研究が行われはじめたときを指している．そして，その運動は，アメリカにおいて社会的教育と女子教育が高まった中で起こってきた．ホーム・エコノミックス運動の創始者であるベンジャミン・トンプソン（Benjamin Thompson）はどんな研究活動を行ったのだろうか．

ランフォード伯爵，本名ベンジャミン・トンプソン（1753～1814年）は物理学者として知られており，熱と仕事の関係がどうなっているかについて研究を行った，熱学の創始者である．

そして，トンプソンは「家政問題を研究することは，科学的権威をおとすものではないという見解をもっていた」[1]ので，『生活に科学の光を！』と考え，すでに1780年頃より，物理学の知識を家政にあてはめる研究を行った．その研究とは，「夜，暗いところで本を読んだりすることがないように，色々な照明器具を改良している．また，ストーブやオーブンの熱効率を良くして，ススをなるべく出さないで部屋が十分暖まるようにしたり，オーブンの熱の消費を少なくして，同じ料理ができるようにしている．それから，困窮している人たちのためにできるだけ安い費用で，しかも十分な栄養がとれるようにする研究」[2]である．

そして，トンプソンに続いて「権威ある科学者達が適用した日常生活の諸問題に対する自然科学的アプローチは，後年，ホーム・エコノミックスの1つの主要な研究方法と考えられるようになった」[1]．

2） 女性が始めたエコロジー

今，エコロジー（Ecology）という言葉，考え方がもてはやされている．エコロジーは，ホーム・エコノミックスのひとつの源流として注目されているが，では，エコロジーとは一体何を指すのだろうか．

エコロジーはギリシャ語のオイコス（家）とロジー（～の科学，～の研究）とを結びつけてつくった言葉である．したがって，「エコロジーとは，相互共存しあって生息する植物，動物，微生物，および人間をふくむ地球の『家』の研究である．エコロジーは有機体だけにかかわるのではなく，地上，海中，空中および淡水中のエネルギーの流れにかかわるのだから，自然の構造と機能の研究であるとみるべきである．人類は自然の一部だと理解すべきである」[3]．エコロジー（生態学）は，人間を含めた生物とその環境の相互関係を研究する学問である．つまり，エコロジーは自然と人間との関係の学，生物とその環境を全体としてと

らえるホリスティック（包括的）な接近法をとる学であるといえよう．そして，「エコロジーはいわゆる価値中立的な学問ではない．人類をふくむ生類の生命を維持することを価値として探求する学問である．……そして，それぞれの時代の生類と環境の関係にかんする緊急な問題に対して，なにがしかの行動または運動を伴って展開される」[3] ものである．

エコロジーという言葉を最初に使ったのは，ドイツの生物学者ヘッケル（Ernst H. Haeckel, 1834～1919年）である．または，アメリカの作家ソロー（Henry D. Thoreau, 1817～1862年）であるともいわれている．ソローは，アメリカのマサチューセッツ州コンコードという緑地に生まれ育った古典ギリシャ語学者であり，後に作家となった．そして，日々の生活の中で自然の「愛」と自然を敬う心を学び，『森の生活―ウォールデン』を書き記した．

エコロジーは，ヘッケル，ソロー，リチャーズによって始められた．

エレン・H・リチャーズ（1842～1911年）は，エコロジーの創始者の一人であり，後に，エコロジーの考え方を中心にすえた学，ホーム・エコノミックスの創始者となった．

① リチャーズの生きた時代とリチャーズの活躍

リチャーズは産業化がイギリスからアメリカへ伝わって，産業革命が起こり，特に湖や河川の汚染が激しくなった時代に生きた人である．そうした時代に化学者として汚水の分析を始め，そのことが彼女のエコロジーの出発点となった．そして，また，産業化に伴って生命・健康といった生活の基本的な価値を侵す製品（例えば水をたくさん混ぜた牛乳）や悪質な取引形態（牛乳を扱う業者と鉄道関係者の一部に悪徳商人がいて，生産農家から消費者に牛乳が届く間に水増しをした）が出現し，消費者問題が発生した時代に生きた人でもある．

リチャーズはヴァッサー大学で天文学と化学を学び，さらに，マサチューセッツ工科大学（MIT）に女性として初めて入学を許され，化学を専攻し修士の学位を得た．MITは博士号を拒否したが，MITが女性に最初の化学博士を授与したくなかったためといわれている．卒業後も大学に残り，MITを研究と活動の根拠地とすることができた．そして，水質調査のほかに，マサチューセッツ州の食料品についての科学的調査（主要食料品への有害物質の混入の有無を調べる）を行った．さらに，大規模な衛生調査を次々と行い，その成果から世界最初の近

代的汚水処理法を編み出した．

しかし，女性であるがゆえに，卒業後12年たって，初めてMITの正式教員となったが，教授になることはなかった．

② リチャーズのエコロジー的4つの貢献

リチャーズは，エコロジーを書斎の中の学問ではなくて日常生活の中に導入した人であるが，「リチャーズのエコロジー的貢献は，消費者運動，栄養学での貢献，環境問題，女性への教育の開放の4つである」[3]といわれている．

③ リチャーズのエコロジーについての構想

「エコロジーは，はじめ，生物と環境との関係について生物学，自然科学関係者が自覚したことである．しかし，その後，人間と環境との相互作用の学，つまり，人間のために環境を改善する学としてヒューマン・エコロジー（Human Ecology）が考えられた．そして，リチャーズこそヒューマン・エコロジーの創始者といえる」[4]．リチャーズの構想とは，「家庭および地域社会の中で，環境と生命との関係を考えるためには，民衆的・学際的な環境科学を構築する必要がある」[3]というものであった．

3） ホーム・エコノミックス運動とエコロジーの結びつき

・当時リチャーズの構想したエコロジーは，学界からどのように受けとめられたのか？

リチャーズは，南北戦争（1861～1865年）後，アメリカが急速に工業化と都市化を行った時代に活動を開始し，エコロジーをすでに1873年に構想していたが，公式にその命名式を行ったのは20年後の1892年であった．以下に，リチャーズが発表をためらった主な2つの理由をあげる．

① エコロジーはくつがえしの科学と考えられていた．

「リチャーズが環境生活科学（環境科学）を唱え，ヒューマン・エコロジー構想を育てていた1890年代当時，生命科学（Life Science）を頂点とする科学の体系の中では，植物や動物と同じように，人間発達（Human Development）を増進する方法は優秀な子どもを生むということであった．つまり優生学（Eugenics）の考え方しかなかったのである．

したがって，リチャーズがそうした1890年代という時期に，『より良い人間を現在において生み出すために環境を改善する』よう提案しても，科学の世界では

疎外されたり，科学の体系を"くつがえす"ものとしか考えられなかった」[4].
② エコロジーは対抗科学，体制批判科学として危険視された．
「19世紀半ばから20世紀はじめにかけてのアメリカで，エコロジーは，生物学，動物学などの自然科学の一分野として専門化する場合は別として，これを，自然，社会，人文科学の諸分野に広げて考える場合は対抗科学，ないしは批判科学として危険視された」[3]．特にリチャーズの場合，女性であったことと，具体的に水，大気，食物の汚染調査・分析がその研究対象であったために，工業化という体制への批判科学としてみられたのである．

・エコロジーはなぜホーム・エコノミックス運動と結びついたのか？

リチャーズは，エコロジーが大学の正規のカリキュラムの中に取り入れられることを主張したが，受け入れられなかった．そこで，リチャーズは，すでに小学校，中学校，高等学校のカリキュラムの中に存在し，大学にコースのあったドメスティック・サイエンス（Domestic Science，家事科学）という専門の学問にエコロジーを組み込むことにした．つまり，エコロジーにドメスティック・サイエンスを接木し，制度化された学校教育という枠組みの中でエコロジーを生かしていこう，そして，生活のあり方を考えていこうとしたのである．

リチャーズは，一方では産業における環境と生命との関係を研究する地位（1884年からボストン製造業者相互火災保険会社の主任産業化学者に任命されていた）にあり，他方では，環境と生命を結ぶ「家庭科学」の必要を考えていた．

ここにリチャーズは，家庭および地域社会の中で，環境と生命との関係を考えるために，民衆的（市民，生活者の立場に立った）・学際的（自然科学・社会科学・人文科学の各側面から生活問題について総合的にアプローチする）環境科学を構想したのである．

エコロジー運動は19世紀末に異端視され，今日でも，産業公害・原子力発電の問題をめぐって抵抗科学的であるとみられている．しかし，2000年6月15日，ドイツのシュレーダー首相が原発を全廃へ—原発の平均寿命を運転開始から約32年とし，国内19基の原発を順次廃棄していくことで電力4社と合意した—と発表した（2000年6月15日朝日新聞夕刊）．このことは現在におけるドイツのエコロジー運動と環境教育の成果であるといえよう．

b. レイク・プラシッド会議から世界へ発信

産業革命以後，健康・安全などの生活の価値が侵されてきた19世紀末，リチャーズは人々の生活を改善するために，エコロジーにドメスティック・サイエンスを組み込んだ「学」を開花させることを考えた．そのために組織の力を必要とし，レイク・プラシッド会議（Lake Placid Conference, 1899～1908年）を開催した．そして10年の年月をかけて，その学についての統一的見解を確立し，その情報をアメリカ全土に，そして，世界に発信していったのである．

1) ホーム・エコノミックスの誕生

レイク・プラシッド第10回会議（1908年）において，以下のことが決定された．レイク・プラシッド会議の理念をさらに前進させ，教育・研究の一層の改善向上をはかるために，家政学の全国的学会組織（American Home Economics Association，略称AHEA）の必要が確認され，設立が決定されたのである．1908年にアメリカ家政学会が結成され，ここにホーム・エコノミックスが誕生した．レイク・プラシッド会議はアメリカ家政学会の前段階であるといえる．

2) レイク・プラシッド会議の内容からホーム・エコノミックスの本質理念を解読する

「アメリカ家政学の本質理念と方法を一口でまとめれば，それは『人間』と『環境』と，その『相互作用』という三つのキーワードで云いあらわされ，云い尽されよう」[4]といわれている．レイク・プラシッド会議の内容の大きなポイントとなるものをあげ，それらの点からホーム・エコノミックスの本質理念に迫ってみよう．

① 家政学について "Home Economics" という名称が選ばれた（第1回会議，1899年）．

「初期の家庭科教育は貧しい子供達に対する博愛を意図して料理や裁縫を教えたが，第1回会議当時になると，経済的，倫理的に充分な知識が要求されて，ホーム・エコノミックスとなった．つまり，家庭・家族に関する教育について使われた幾つかの語，domestic science, domestic economy, household arts, household economics, household science などがあったが，はっきりした目的を持った新しい学問の専門分野の名前として，合意によってホーム・エコノミックスと名付けられたのである．それは経済学の一般科目とは異なることを示す簡潔な名称

であり,そのうえ幼稚園から大学に至るまでの衛生・調理・育児などの生活の技能と科学に関する教育を充分に包括するものであると考えられた」[5].

② ホーム・エコノミックスの定義が確立された.

第4回会議（1902年）において,「ホーム・エコノミックスは,その最も包括的な意味において,一方では人間に近接した物的環境について,他方では,社会的存在としての人間の特性について,その法則・条件・原理および理想を研究し,とくに,これら2つの要素の関係について研究するものである」[4]と定義され,ホーム・エコノミックスの精神にくさびが打たれた.

では,近年よくいわれている環境という語について,リチャーズは,そしてホーム・エコノミックスは何を指しているのだろうか.「環境は,『物的環境』と『社会的環境』に分けられる.またこの二つはそれぞれ『近接環境』と『より大きい環境』に分けられる.そして,物的環境には食べるもの,着るもの,住まうもの,それを調達する金銭など人間に近接した物的環境と,日光・空気・水・土壌などのより大きな物的環境が含まれる.また社会的環境としては,夫婦,親子,親類,近隣など家族・個人に近接した社会的環境と,学校・社会・組合・企業・地方公共団体・国・世界など,より大きい社会的環境が含まれる」[4].

③ 生活システムの原理の確立をはかった（第5回会議,1904年）.

ホーム・エコノミックスは物的・社会的環境,あるいは人間の特性を研究するが,環境そのものを人間から引き離して研究したり,あるいは人間そのものを研究するのでなく,人間が環境との正しい相互作用の中で人間らしく生き,自己実現することに焦点を合わせることが大切であることが確認された.

④ ホーム・エコノミックスを優境学として認識し,把握しようとした.

リチャーズは大学においては,ホーム・エコノミックスを優境学（Euthenics）といった方が適切であるとし（第6回会議,1904年）,優境学の定義を行った（第8回会議,1906年）.「先天的,遺伝的要素の上に,人間の改善をはかることを追及する優生学（Eugenics）に対し,優境学は後天的要素である人間の環境をよりよく改善し,人間の向上を促進させることを目ざす学問であると説明し,優境学という用語を環境管理の科学（Science of Controllable Environment）と定義した」[4].

これは人間が自然の一部であるというリチャーズの思想を表している.したが

って，人間は，Ⓐ 自然の諸法則についての知識が必要である．そして，人間は社会的存在として，Ⓑ 自己を知る，Ⓒ 自己実現を行う，Ⓓ 人々とそして自然と共生する知識を得る必要がある．これらのⒶからⒹの知識をもち，活用することによって，人間はライフスタイルを"よりよく創造し"，"よりよく生きる"ことができるとリチャーズは考えていた．

3） 19世紀から20世紀への世紀の変わり目の世界観
　　　―エコロジーからユーセニクスへ―

19世紀から20世紀への世紀の変わり目に生きたリチャーズは，当時のアメリカの学界がリチャーズのエコロジーをくつがえしの危険なものであるとみなしたにもかかわらず，エコロジーの主張を捨てることなくホーム・エコノミックスに接木をした．

そして，『人間と環境との一体性』という思想に基づいて，優境学という用語をつくったのである．つまり，「"生き生き""よりよく"といった古代ギリシャ語から，環境と共生して"よりよく生きる""そのための根本を正す"ことを意味するEuthenicsが造語された」[4]．そして「それを，人間の可能性の発展（Human Development）のために人間が自覚的に生活条件を良くして行く科学であると定義した」[3,6,7]．

c. ホーム・エコノミックスの転換を担う本質理念の継続性

1） ホーム・エコノミックスの本質理念を具体的に表したものとは

ホーム・エコノミックスの本質理念に関するキーワードは，先に述べたとおり，「人間」と「環境」とその「相互作用」である．そして，その本質理念を具現したものがホーム・エコノミックスの定義である．レイク・プラシッド第4回会議（1902年）で枠組みされたホーム・エコノミックスの定義は先に述べたとおりであるが，「定義はレイク・プラシッド会議当時，人間とその近接環境との『関係』となっていたが，1968年に『相互作用』と変更，再規定された．初期の関係の学問がより動態的な相互作用の学問として認識された」[8]のである．

2） 1970年代におけるホーム・エコノミックスの転換―原点回帰―

「1960年代後半から1970年代にかけて，アメリカでは，コーネル大学やミシガン州立大学など，幾つかの大学がホーム・エコノミックス学部をヒューマン・

エコロジー学部と改名した．これは脱家政学ではなく，1890年代までにリチャーズが構想していたものへの回帰である」[4,7,8]．この現象は社会の変化への対応であるとともに，細分化を進め科学主義にのめりこんで，生活をシステムとして包括的にみる目を失ったホーム・エコノミックスへの警鐘と受けとめなければならない．

3) 転換を担う本質理念の継続性

先に述べたように，本質理念を具体的に表したものは，ホーム・エコノミックスの定義であるが，「これは『関係』を『相互作用』に変更した以外，約1世紀のあいだ変化していない」[7,9]．

定義の不変は，ホーム・エコノミックスからヒューマン・エコロジーへの転換に際しての精神の連続性を示すものである．そして，学問の体制が変わるときに，精神の連続性は，その学問自体と，学問をする個人が自分を支える軸とするものであるといえよう．

1993年に開かれたスコッディール会議（アメリカ家政学会のメンバーを中心とする）の結果についてもふれる必要があるが，これまでの転換と同一線上にあると受けとめていることだけを述べておこう．

d. 人間性の見直しと復権を求めて

リチャーズの提唱した優境学は，人間と環境との相互作用をはかり，個人・家族の福祉，生活の質の向上をはかることをめざしている．

そして，今，「家族のゆらぎ」，「消費者―環境問題」の進行する中で，新しい家族のあり方を創造し，環境破壊・生活破壊を防ぐことが求められている．

そこで，水俣での長い調査経験から，実感として生み出された社会学者鶴見和子氏の言葉「我々は自然の一部である，だから人間が自然を破壊することによって，人間の身体および魂，人間関係すべて破壊するのである」[3] をかみしめ，われわれは経済発展型から自然と人間共生型のパラダイム（価値）への移行をはからなければならない．人間性の見直しと復権を求める価値の教育・人間を中心にすえた生活環境教育が大切であると思う． 〔紀　嘉子〕

4.4 アジアの家政学

本稿では主として家庭科教育を中心とした家政教育の視点から，アジアの家政学について記述する．

a. アジアの家政学の動向

アジア全般としての家政学は，それぞれの国情に応じて，主として2つの方向から追究されてきた．それは，人間が生きることに直接かかわる日々の生活環境を改善する活動と，生活創造のために必要な基礎・基本の学習を学校教育システムの中に最も適切な形で組み込むという2方向である．特に後者の教育システムは，アジア各国がそれぞれの歴史を刻む過程で，関連の深い国の影響を強く反映させながら，変遷してきたといえる．例えば，本稿において後述するシンガポールの家庭科のシラバスを例にとると，1980年以前はイギリスの家政学・家庭科教育の影響を強く受けてカリキュラムが構成されているが，1981年以降はアメリカの家政学・家庭科教育の影響がみられるカリキュラム構成がされている．1990年代の半ばになると，再びイギリスの家政学や家庭科教育を視野に置きながらカリキュラムが構成されており，欧米諸国の動向を学びながら，国として独自のカリキュラムを模索していることをうかがうことができる．

このような動きは，アジアのどの国にもみられるが，こうした特定の欧米諸国との関連だけでなく，国際家政学会やアジア地区家政学会の存在も大きな影響を及ぼしているといえる．特にアジア地区家政学会は，風土・気候，あるいは国の成り立ちに共通点の多いアジアの国々の家政学にかかわる人々が，家政学という共通基盤に立ち，各国の家政学・家庭科教育の現状や課題の情報交換を行い，ともに手を携えて，国際的な視点から生活環境や文化の創造に寄与することを目的として設立されたものである．学会の創設においては，日本がその中心的役割を担い，参加国15ヶ国が，2年に1度各国持ち回りで大会を開催しており，これまで10回継続されている（創立回と10回記念の回は日本で開催，国際家政学会の会期中における地域ごとの会議も回数に入る）．メインテーマは，国際家政学会のテーマを受け，アジア地区の特徴を生かして設定されているが，中心的課題

は，各国の物理的・精神的な基本的生活水準の確保から始まり，社会の変化に対応した各国およびアジア全体の生活の質の向上が目ざされ，それに対する家政学にかかわる人々の役割やその拡大・強化のあり方が追究されている．

またアジア地区家政学会議では次のようなテーマが掲げられた（詳しくは表6.2参照）．

　○ Careers for Home Economics　　　　　　　（1987, タイ・バンコク）
　○ Home Economics: A Catalyst for Change　　（1989, シンガポール）
　○ Information Technology: Development toward Innovation
　　　　　　　　　　　　　　　　　　　　　　　（1991, 香港）
　○ Family and Environment: An Investment for the Future
　　　　　　　　　　　　　　　　　　　　　　　（1993, マレーシア）
　○ Family and Education: An Effort to Improve the Quality of
　　 Human Resource for National Development　（1995, インドネシア）
　○ New Paradigm of Home Economics for the 21 st Century:
　　 Challenges and Perspectives　　　　　　　　（1997, 韓国）
　○ What is Quality of Life?: Innovations, Traditions, ……
　　　　　　　　　　　　　　　　　　　　　　　（1999, 日本）

上述したように，家政学の目的を具現化するものとして，社会的な活動とともに，教科としての家庭科教育が果たす役割は大きい．アジア地区家政学会でも，家庭科教育関係の研究発表などが多くみられるが，各国の家政学会の構成メンバーが，小・中・高等学校の教員が多くの割合を占めていることにも起因している．そこで，次項では，アジア諸国の中で，特に履修形態やカリキュラムにおいて，日本と類似性のあるシンガポール，また，歴史的にも日本と交流の深いタイの家庭科教育について記述する．

b．シンガポールにおける家庭科教育

シンガポールでは，能力別の複線型教育体系がとられている．教育省（Ministry of Education）は，中等教育の目的として，「すべての生徒にバランスと総括的な教育を与えること，生徒たちの最大の可能性を引き出し，正しい感覚をもった市民に育てること，そのために，家族，社会，国における彼らの責任を明確

にする」とし、「個人として生涯長期間働くための、価値観、スキル、知識、問題解決能力、批判的思考力、創造力、IT革命に関する能力、国益を守る資質などの育成」をあげている。中等教育の中で家庭科教育は、1994年改訂のシラバスから、Special Couse, Express Course, Normal Course のいずれのクラスでも中学1・2年男女ともに必修教科として履修されている。シラバスの中に、改訂の主たる背景について、教育課程の時間割の変化、男女の協力による家庭・社会の創造を期しての男子家庭科学習の必要性、さらに家庭・社会生活の変化に対応した家庭科のあり方を追究するため、などが記載されている。

さて、表4.2のシンガポールの中学校家庭科シラバスの変遷をみると次のことがいえる。1960年代においては、衣・食の技能面のみの内容であるが、しだいになぜ食べ、着るのかが人間を中心に考えられるようになり、後に家事などの内容も加わるようになった。1981年改訂のシラバスのタイトルは、「木工、金属および家庭科（Domestic Science）」であり、その中で家庭科は、「家族」、「人間

表4.2 シンガポールの中学校家庭科シラバスにおける分野別内容の変遷

1966年	1. 調理 2. 被服製作	50% 50%
1977年改訂シラバス	1. 食物と栄養 2. ファッションと繊維 3. 一般家事	33% 33% 33%
1981年改訂シラバス	1. 家族 2. 人間の成長と発達 3. 食物と簡単な栄養 4. 基本的な被服製作と裁縫	20% 20% 30% 30%
1985年改訂シラバス	1. 家庭生活と家庭経営 　（子どもの発達を含む） 2. 食物と栄養 3. 繊維と被服	40% 34% 26%
1994年改訂シラバス	1. 家族のための栄養 2. 食物の取り扱い 3. 被服 4. 消費者教育 5. 子どもの遊び	30% 20% 20% 15% 15%

%…領域の比重として各シラバスに掲載されているもの。
Home Economics Syllabus より作成。

の成長と発達」,「食物と簡単な栄養」,「基本的な被服製作と裁縫」の4領域に区分されている．また，各領域は個別に指導されるべきではなく,「家族領域」を核としてそれぞれの領域の知識や技術は統合されるべきであるとし，1981年以前のシラバスと比較すると，生活の中心に人間の存在を置くことが特徴となっている．

さらに1985年改訂シラバスでは,「家庭生活」の重要性が一層強調され,「家庭生活と家庭経営」領域を核として「食物と栄養」,「繊維と被服」領域が指導されるべきであると記載されている．また，このシラバスから，家庭科の名称は「Home Economics」に変更された.「Domestic Science」が伝統的・家事裁縫的イメージを内包する教科名であるのに対し,「Home Economics」はアメリカを中心として世界的に拡がった教科名であり，内容は，自己や自己の生活への自覚から始まり，広く人的・物的あるいは社会的認識の上に生活実践が行われることを意図した内容をもつものである．教科書の内容や構成もアメリカの影響を強く受けていることが認められる．

1994年改訂シラバスは，従来の家族や家庭生活を核として進めてきた内容が変化し，生活技術を重視した以前の家庭科の内容へと移行した．学習の進め方も，イギリスの技能学習の中心をなす「デザインおよびテクノロジー」に近いものとなった．これは，道徳など他の教科との内容重複を避けることと履修時間の減少が主な理由とされているが，日本や韓国でも，新シラバスにおいて履修時間の短縮が問題となっており，家庭科教育の目ざすものとそのあり方がアジア全体を通しての主要課題であるといえよう．

c. タイの家庭科教育

タイ文部省は，都市を中心に発展してきた教育を改め，タイ全土における教育振興の必要性を説き，また，アカデミック教科に偏重しがちな教育を抜本的に改め，生活と結びついた実用教育の普及を提案してきた．教育理念として,「自分自身や自分の生活を社会や環境と関連させて理解できるように，知識・技能を習得させ，よりよい思考方法や態度を身につけさせる．そうした教育を受けることにより，自然を破壊することなく，自分の人生を改善し，社会的問題を解決するために，身についた知識・技能や思考方法，態度を応用・発展できるようにしな

ければならない」としている．また，男女ともに，生涯を通して生活的・経済的に自立して生きる能力を育成することを重視している．

これらをふまえて，初等教育では，教科別分類をせず，基礎的技能，生活経験，人格教育，労働経験，日常英語または職業という5つの教育内容のグループに分けて学習を行っている．すなわち，教科に細分化された単なる知識・理解，技能習得にとどまらず，生活における実践的能力の育成を重視しており，この方向が，中等教育における職業準備教育へと継続されている．

前期中等教育（中学校課程）では，まず第1学年において，選択必修の「家庭（一般）」が大半の生徒に履修されている．内容は，「日用品・日常食品の購入と保管」，「住みやすい家（掃除の仕方，インテリア）」，「被服（修理とリフォーム）」，「調理」，「幸せな家庭」である．原則として第2学年で履修される「家庭管理」は，「自分の家族の財産管理（時間，労働，経済）」，「日用品（食品，被服，家具など）の購入と家族へのサービス」，「家計簿の管理（予算，収入と支出，預貯金，金融機関の種類と特徴」，「いろいろな書類の管理」の4課から構成されており，生活管理スキルを具体的な場面において学習するようになっている．しかし，職業へ結びつく実際的な生活スキルの習得のみに家庭科の目標を置いているわけではない．必修家庭科の中で重視されているひとつに「幸せな家族・家庭」があり，家庭の機能，家族員の幸福，友人との交際，男性と女性，異性との交際，結婚生活上の問題点，家族計画・家庭設計など，生活を営むうえで最も重要な人間関係を中心とした学習が行われている．

一方，家庭科の選択科目は職業準備学習として設定され，表4.3から選択履修されることになっている．これらの内容はいずれも1年間をかけて習得され，基礎・基本的知識・理解や技術から最終的には専門家としての技術，また，店の経

表4.3 選択科目中の家庭科関連科目

1. タイ料理	9. ニッティング(機械編み)	17. 保育(子ども一般)
2. お菓子専科	10. ニッティング(かぎ針編み)	18. 料理法とサービス
3. 郷土料理	11. 女性の被服(ベーシック)	19. カーテンのつくり方
4. タイの一般菓子	12. 女性の被服(一般)	20. 刺繍(手づくり)
5. 国際料理	13. 男性の被服(ベーシック)	21. 刺繍(機械)
6. 飲み物	14. 男性の被服(一般)	22. クリーニング
7. 保存法	15. 郷土の被服	23. 清掃
8. ニッティング(棒針編み)	16. 保育(0～2歳)	

営方法に至るまでの教育内容となっている．

　以上，主として家庭科教育の側面からアジアの家政学をみてきたが，家政学の果たしている役割は，これらに加えて，家庭教育，社会教育，行政へと多岐にわたっており，実践学として地道な活動が行われている．　　　　〔佐藤文子〕

文　献

4.1　ドイツの家政学

1) Irmintraut Richarz: Oikos, Haus und Haushalt―Ursprung und Geschichte der Haushaltsökonomik―, pp. 235-302, Vandenhoeck & Ruprecht, 1991
2) Statistisches Bundesamt: Datenreport 1994―Zahlen und Fakten über die Bundesrepublik Deutschland―, p. 47, 1994
3) 中川　眸：ドイツ家政学"エコトロフォロギー"（Ökotrophologie）の成立とその意味するもの（第1報）―エコトロフォロギーの成立史と背景―，富山大学教育学部紀要，No. 28, pp. 37-42, 1980
4) 中川　眸：ドイツ家政学"エコトロフォロギー"（Ökotrophologie）の成立とその意味するもの（第2報）―カリキュラムと「実地研究」―，富山大学教育学部紀要，No. 29, pp. 111-118, 1980
5) 上原康代：ドイツ中等教育段階における家政教育の展開に関する研究―女子特有教育から人間と環境教育への発展―，富山大学大学院修士論文，pp. 73-87, 88-115, 2000
6) Irmintraut Richarz: Der Haushalt―Neubewertung in der Postmoderne―, Vandenhoeck & Ruprecht, p. 19, 1998
7) 上原康代・中川　眸：近年のドイツにおける中等家政教育の動向―主要学校と実科学校を中心にして―，日本教科教育学会誌，**22**, pp. 1-9, 1999

4.2　北欧の家政学と家政教育

1) Jette Benn: Pedagogical and educational trends and features, Home Economics in 100 Years, The Royal Danish School of Educational Studies, 2000
2) レオン・バウチャー（中嶋　博訳）：スウェーデンの教育，p. 13, 学文社，1985
3) Karin Hjälmeskog: A case of female education, Home Economics in 100 Years, The Royal Danish School of Education, 2000
4) 清水　満：生のための学校，pp. 74-75, 新評論，1993
5) Ninna Kiessling: Home Economics in Denmark―A Short Overview, p. 2, Suhr's Seminarium, Teacher Training College, Copenhagen, 1991
6) 荒井紀子：生活主体育成のエンパワーメントにむけての教育戦略―スウェーデン基礎学校の教育理念および社会科，家庭科を事例として―，生活経営学研究35, pp. 45-53, 2000
7) Kaija Turkki: Home Economics and its new qualifications in promoting general education, Internationale Arbeitstagung, Wien, 1996
8) Kaija Turkki: The Challenges of Holistic Thinking in Home Economics, Hauswirts-

chaft und Wisseschaft, **1** (46), pp. 14-17, 1998

4.3 アメリカの家政学
1) 丸島令子:「アメリカの家政学教育」(今井光映編,『家政学教育の発展』), p. 31, ミネルヴァ書房, 1972
2) 室田　武・鶴見和子:対談エコロジー思想の源流 (鶴見和子編,『鶴見和子曼荼羅Ⅵ』), p. 499, 藤原書店, 1998
3) 鶴見和子:エコロジーの世界観 (鶴見和子編,『鶴見和子曼荼羅Ⅵ』), pp. 406-407, p. 409, 420, 421, 422, 467, 501, 藤原書店, 1998
4) 今井光映:リチャーズのホーム・エコノミックス思想とレイク・プラシッド会議 (今井光映・紀　嘉子共著,『アメリカ家政学史』), pp. 36-38, p. 20, 35, 39, 47, 73, 89, 光生館, 1990
5) 紀　嘉子:レイク・プラシッド会議の経過と内容 (今井光映・紀　嘉子共著,『アメリカ家政学史』), p. 64, 光生館, 1990
6) 工藤秀明・今井光映訳:序文 (『エコロジーへのはるかな旅』), p. 243, ダイヤモンド社, 1986
7) 今井光映:家政学の改革 (今井光映・山口久子編,『生活学としての家政学』), pp. 63-68, p. 54, 60, 78, 有斐閣, 1991
8) 丸島令子:世界の家政学 (日本家政学会編, 家政学シリーズ1『家政学原論』), p. 94, 95, 朝倉書店, 1990
9) 紀　嘉子:ホーム・エコノミックスの定義と科学類型論 (今井光映編著,『アメリカ家政学現代史Ⅰ』), p. 143, 光生館, 1995

4.4 アジアの家政学
1) http:/wwwl.moe.edu.sg/education.htm (2000)
2) Ministry of Education: Woodwork, Metal Work & Domestic Science, Syllabus for the New Education System, Primary 8, 1981
3) Ministry of Education: Secondary School Syllabuses Home Economics, Secondary 1 and 2, Express/Normal Course, 1985
4) Ministry of Education: Curriculum Planning Division, Home Economics Syllabus Secondary 1 and 2, Special Express and Normal Courses, 2, 1994
　　タイ初等・中等教育課程全教科書, 他

5. 家庭・家政を考える

　1984年の家政学将来構想における家政学の定義の中で，家政学の学問対象は，「家庭生活を中心とした人間生活」とされている．家政学の独自性を確立するうえで，「家庭」は重要な概念である．本章では「家庭」，さらに，学問名称にも含まれる「家政」について，深く掘り下げる．

5.1 「家庭」について考える

a．「家庭」とは

　「家庭」とは何か．訓辞的解釈では，「夫婦・親子などの家族の集まり．また，その生活の場所」とあり[1]，家族と家族が生活を営む場の両者に用いられている．家庭の語は，室町時代の『節用集』にみられる[2]．しかし，家庭に，「憩い」，「安らぎ」，「団らん」などの精神的機能を表す言葉が結びつけられるようになるのは，明治中期以降である．それ以前の日本の「家庭」は，封建的家父長制である家制度の下で，厳しい規律が守られる場であり，家族が集い談笑する場面は一般的ではなかった．家庭に家族の団らんというそれまでにない新しい風を吹き込んだのは，『女學雑誌』を舞台に展開された「ホーム」論と考えられる．『女學雑誌』は，明治初期における西欧文化移入の流れを受けて，明治19年に初刊されたプロテスタント・キリスト教をバックボーンとする主婦向け雑誌である[3]．西欧におけるスウィートホーム，すなわち暖かい家庭を見習おうという，この「ホーム」論をきっかけに，「Home」の訳語である「家庭」が汎用されるようになった．それ以降，家族は仲睦まじく「和楽」しようという啓蒙が様々な

小山左文二・古山榮三郎「修身教本尋常小学校用」，明治34年
宮田丈夫：道徳教育資料集成，第一法規出版，1959

国定「尋常小学修身掛図」，明治38年
復刻国定修身教科書，大空社，1990

図5.1　修身教科書における家族の団らん

形で盛んに行われている．その一例が修身教科書である．図5.1にみられるように，明治34年の教科書では重苦しく厳しい雰囲気の食卓風景が，明治38年にはがらりと変わって明るいものとなっている．「家庭の楽（たのしみ）」と題されるこの絵は，孫が祖母の膝にすわったり，子どもの話に家族が微笑みながら耳を傾けるなど，暖かい家庭が描き出されている[4]．

家政学においては，田辺が『家政学総論』の中で家庭の概念づけを行っている．「家庭とは，家族が一般に住まいを同じくし，生活を共にしている生活共同体である」というものである[5]．また，亀高・仙波は，「家庭とは，家族を単位とする生活共同体である」と規定している[6]．いずれも，家庭は「単なる場所でもなく，また人間そのものでもなく，それらが統合的に機能するひとつの生活体」（田辺）と考えている．

b． 家庭の機能[6]

家庭の機能は，家庭を構成する家族員に対して営む対個人的機能（対内的機能）と，家庭が社会の基礎単位として営む対社会的機能（対外的機能）の2つの

表 5.1 現代における家庭の機能（亀高・仙波，1981）

（対個人的）	（対社会的）
Ⅰ 基本的欲求の充足機能 ⟷	Ⅰ 人間社会の維持継承的機能
⎰ 生命の維持（食・住・衣）	⎰ 人間社会の維持
⎱ 生活エネルギーの再生産	⎱ 労働力の再生産
性的充足	性的統制・安定
生殖・生命（人間）の再生産	種族保存・社会成員の再生産
Ⅱ 経済的安定機能 ⟷	Ⅱ 人間社会の経済的機能
生産と消費（生活）	⎰ 社会分業への参加
生産と共有	⎱ 労働力提供・資本の提供
生活保障（扶養）	生活保障
Ⅲ 人間形成的機能 ⟷	Ⅲ 人間社会の向上発展的機能
1 精神的安定機能	1 社会の安定化
⎰ 家族意識，人間性回復，自己実現	⎰ 民主的な社会
⎱ 大人のパーソナリティーの安定	⎱ 社会秩序の安寧
2 教育的機能	2 文化の伝承・発展
⎰ 育児・子どもの社会化	⎰ 社会道徳の維持
⎱ 徳性涵養・文化の伝達	⎱ 地域社会文化の伝承
3 老人・病弱者の保護	3 福祉社会への発展
Ⅳ 家庭生活文化の創造的機能	Ⅳ 文化の創造・社会の進歩発展的機能

側面をもつ．対個人的機能としては，Ⅰ基本的欲求の充足機能，Ⅱ経済的安定機能，Ⅲ人間形成的機能，Ⅳ家庭生活文化の創造的機能があげられる（表 5.1）．

　基本的欲求充足機能とは，人間が生物として生きるために必要な機能であり，具体的には，①生命の維持，②生活エネルギーの再生産，③性的充足，④生殖・生命（人間）の再生産である．これらの生物特有の行動は，日常的な家庭の営みとして行われている．

　経済的安定機能は，家族員の経済生活の安定と向上を保障する機能である．現代の生活に必要なものは，家族員の就労による所得により，家庭を単位として消費されるのが一般的である．

　人間形成的機能には，精神的安定機能と教育的機能，および老人・病弱者の保護が含まれる．愛情と信頼によって結ばれる家族との生活共同により生み出される心の安らぎや安定感は，家庭以外では得にくいものであり，これが，精神的安定機能を家庭の最重要機能とするゆえんである．同様に子どもの養育も，代替機能を得がたい重要な機能である．幼少期の家庭環境は人格形成に大きな影響を及ぼすことが知られている．アメリカの社会学者パーソンズ（T. Parsons）が，

この2つの人間形成的機能をパーソナリティーの安定および形成と呼び，家族の基本機能とする学説を提唱したことは有名である．老人・病弱者の保護は，高齢化社会を迎えた現在，ますます家庭に期待される機能であろう．

また，衣食住の生活習慣や，季節，地域ごとの行事などの生活文化は，家庭を通して伝承される．これが家庭生活文化の創造的機能である．

これら4つの対個人的機能は，それぞれが対社会的機能を充足する．すなわち，家庭は社会の基礎単位であるので，対個人的機能の充足により，対社会的機能が果たされることになる．4つの機能に対応させて考えると，家庭内の基本的欲求の充足機能は対社会的な人間社会の維持継承的機能に，以下同様に，経済的安定機能は人間社会の経済的機能に，人間形成的機能は人間社会の向上的発展的機能に，家庭生活文化の創造的機能は文化の創造・社会の進歩発展的機能になる．

c. 家庭生活の構造と生活システム

家政学においては，「家庭生活」の語が，「家庭」と区別されずに同義で用いられることが多い．家庭生活は，実に多面的で多様な内容を含んでいるが，それを総合的にとらえる試みのひとつとして生活構造論がある．生活構造論とは，社会環境の変化に対して人間の生活がどのように対応するのか，同時に人間の生活の変化が社会に対してどのような影響を及ぼすのかを，生活の営みに固有の構造を想定することによって明らかにしようとするものである[2]．家庭生活を生活構造論の枠組みでとらえた例が表5.2である．家庭内では，家族員の欲求を充足するための活動として生産的行動，社会的行動，文化的行動，家政的行動，家事的行動，生理的行動が行われる．そしてこれらの生活行動は，生活行動を規定する要因である生活時間，生活空間，生活手段，生活経済，家族内の役割，規範と密接に関連しているというものである[6]．

また，生活を全体的にとらえる方法として，生活をシステムとして把握する考え方がある．生活システムとは，生活主体が生活媒体を活用しながら生活客体に作用し，その結果，生活客体がこれに対応するという相互作用の連続によって家庭生活の営みがなされているという考え方である．宮川・宮下は，この家庭生活の中核にあって，家庭生活の目的実現を意図的に推し進め，その機能を果たさ

5.2 戦後の家庭生活の変化

表5.2 家庭生活の構造（亀高・仙波, 1981）

生活行動側面	構造的要因	時間	空間	手段	金銭	役割	規範
生産的行動	労働, 勤務, 作業	家庭生活の時間的配分	家庭生活の空間的拡がり	衣食住など消費財の所有	家計構造と生活水準	家族構成・家庭内役割分担	生活態度・生活規範・生活文化
社会的行動	外出, 交際, 会合						
文化的行動	教養, 趣味, マスコミ行動						
家政的行動	家政, 家族の統合融和						
家事的行動	家事労働						
生理的行動	睡眠, 休養, 排泄, 身支度						

松原治郎：文部省社会教育局, 家庭生活設計, 1968

せ，家庭生活を統合するのが家政であると考える[7]．

このほか，まだ未開拓ではあるが，文化論的アプローチも有望である．

5.2 戦後の家庭生活の変化

家庭生活は，戦後から現在まで，大きく変化してきている．家庭生活と密接なかかわりをもつ家政学にとって，家庭生活の変遷を把握することは，必要不可欠である．ここでは戦後の家庭生活の変化を生活様式の変化，およびライフサイクルの変化の2つに焦点を当ててたどり，現在の家庭生活の傾向，および今後の展望にまで言及する．

a. 生活様式の変化[8]

戦前の日常生活は，井戸端での洗濯，まきによる飯炊きが一般的であった．戦後の物不足の時代を経て，しばらくはその状態が続いたが，1950年代半ばから70年代半ばにかけての「高度成長」は，日本経済のみならず，日本国民の生活様式を大きく変貌させることになる．

具体的には，重化学工業の発展によって，生活物資としての耐久消費財が急速に家庭に普及する．その代表が，家電製品，すなわち家庭電化製品である．家庭

電化は朝鮮戦争の特需景気に勢いを得た電力・電機業界が，停戦後にその生産力を民需に振り向けようとしたことを背景にもつ．これがアメリカ家庭を手本とする日本国民の近代的家庭生活へのあこがれと合致してブームが生まれた．「三種の神器」と呼ばれる電気冷蔵庫，電気洗濯機，電気掃除機は，数年のうちに多くの家庭に普及した．後に電気掃除機にかわって三種の神器の仲間入りをした白黒テレビは，1968 年には 9 割近くの家庭への普及がみられ，新聞の大量化とともに家庭生活へのマスコミの影響力を増大していく．新聞，テレビから流れる広告，宣伝により，大衆消費社会が確立したといえる．神器に数えられた以外にも，扇風機，電気炊飯器など，また，60 年代後半には，カー，クーラー，カラーテレビが購買欲の対象となり，３Ｃの時代といわれた．これらの消費財は当時，平均的雇用者の月給の数倍から数十倍の価格であった．比較的高価だった電気冷蔵庫は，現在の貨幣価値に換算すると数百万円にのぼると考えられる．購買を支えていたのは，「月賦」，すなわち割賦販売であった．現在の消費生活に浸透するクレジットの始まりはこの時代である．割賦販売は，大型消費財の大衆化に大きく貢献した．

　これら家電製品の普及と同時に，電気，ガス，水道，鉄道，電信電話，学校，社会福祉施設，保育所など社会的・公共的施設やサービスの整備が進み，家事労働の省力化がもたらされている．冒頭で述べたまきによる飯炊きは，水汲みは水道の普及により蛇口をひねるだけに，米とぎをすませれば，自動炊飯器のスイッチを入れるだけで，まき割りや火の調節は不用になった．1970 年からは，電子ジャーの登場で釜から飯櫃（めしびつ）にご飯を移す必要もなくなった．飯炊きひとつをとっても家事労働にかかる多くのエネルギーと時間が軽減されたことがわかる．

　さらに，家事労働の外部化も進む．家事労働の外部化とは，家庭内でつくられていたものや行われていた労働が，家庭外，すなわち社会的労働の生産物やサービスに代替され，市場経済に組み込まれることを指す[9]．加工食品や既製服，クリーニングなどがその代表といえよう．

　ここで，「おむつ」を例にとって考えてみよう．赤ちゃんのためのおむつを整えることは，育児面でなくてはならない家事労働である．戦後間もない頃は，着古したゆかたをほどき，手縫いでおむつを用意した．洗濯は川や井戸端でもちろ

ん手洗いである．手で絞って干していた．物不足の時代が終わるとおむつ用布は新しい反物で，ミシンも普及しておむつづくりが楽になる．水道や電気洗濯機，合成洗剤が普及すると洗濯の手間が大きく省けた．電気洗濯機の性能も絞り機から脱水機になって，乾燥時間が短くなり，アイロンをかける必要がなくなった．また，既製のおむつも利用されるようになる．全自動洗濯機，乾燥機により，さらに洗濯が省力化する．普及率は低いが，布おむつを貸し出し，洗濯してくれる貸しおむつ業もあらわれた．やがて80年代に入ると紙おむつの性能が急速に向上し，経済性も加わって，おむつの主流が布から紙に交替する．現在ではほぼ100%の母親が紙おむつを利用している．紙おむつは購入して使用したら後は捨てるだけである．廃棄の面では残された課題が多いが，おむつにかかわる家事労働は，家電製品の普及と家事労働の外部化を経て，この50年で飛躍的に軽減された．

一方，住生活面では，1955年に設立された日本住宅公団により，DK（ダイニングキッチン）が初めて導入され，食寝分離の住様式が確立した．住宅公団が供給した店舗や子どもの遊び場などの施設を併設する「団地」の住戸には，浴室やステンレス流し台なども備えられ，生活革新のシンボルとして他の住宅にも影響を与えている．しかし，高度成長期の都市への人口集中は，都市の高地価，高家賃をもたらし，住宅問題が表面化する．首都圏を中心とする大都市の勤労者は，郊外への居住を余儀なくされ，満員電車に揺られての遠距離通勤が一般的となった．また，大都市の地価高騰は土地所有意欲を高め，住宅ローンを利用した小規模な戸建て持ち家層を大量に形成した．いわゆるマイホームブームである．70年代には，大都市の高密化によりマンション居住が一般化し，マンション立地はその後，郊外へと拡がっていく．住居様式の近代化は果たしたものの，職住の距離は遠く，「ウサギ小屋」と諸外国から悪口をいわれる狭い部屋に，モノばかりが増え続けるのが現状であった[9]．

「高度成長」はまた，生活様式の近代化をもたらすと同時に経済発展のひずみを表面化させている．60年代，日本列島は「公害列島」と呼ばれ，水俣病，イタイイタイ病など，全国各地で公害問題が噴出した．森永ヒ素ミルク事件やサリドマイド事件なども経済優先主義がもたらしたひずみであり，消費者保護がようやく叫ばれるようになる．

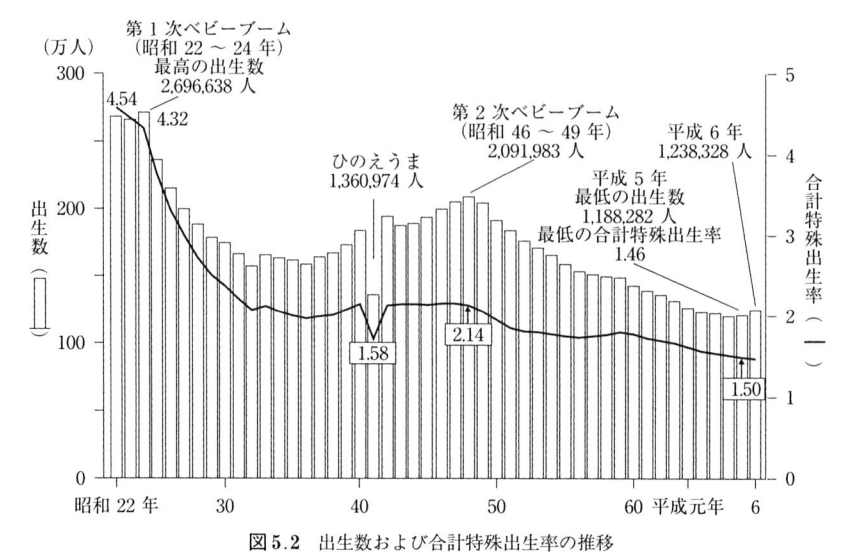

図5.2 出生数および合計特殊出生率の推移
厚生省：人口動態統計，総理府：女性の現状と施策（平成7年度版）

b．ライフサイクルの変化

　女性の平均寿命は，1940年には49.6歳だったが，1985年には80歳を越え，1996年には83.59歳となった．1985年にアイスランドを上回って以来世界一の座を守り続けている．また合計特殊出生率[*1]は，第1次ベビーブーム期の1947年から1949年までは4を越えていたが，その後急激に低下し1957年には2.04となって，人工置き換え水準[*2]を下回った．第2次ベビーブーム期の1973年には2.14となったが，その後は降下の一途をたどり，1992年に1.50，翌年から1.4台となって毎年最低記録を更新し続けている（図5.2）[10]．

　[*1] 合計特殊出生率：15歳から49歳までの女性がその年次の年齢別出生率で一生の間に子どもを産むと仮定したときの平均子ども数．
　[*2] 人口置き換え水準：人口が将来，親の世代と同数で，増減をしない大きさを表す指標．

　平均寿命の伸びと子どもの数の減少によって，女性のライフサイクルは大きく変化した．図5.3は現在子育て中の女性とその祖母たちの世代の平均的なライフサイクルをモデル化し，図示したものである．昭和2年生まれの女性は，平均的には23歳で結婚し，1.4年後第1子を産んでから36歳までに3人の子どもを産む．末子が独立して4年後に夫が死亡し，その4年後に自分も人生を終えてい

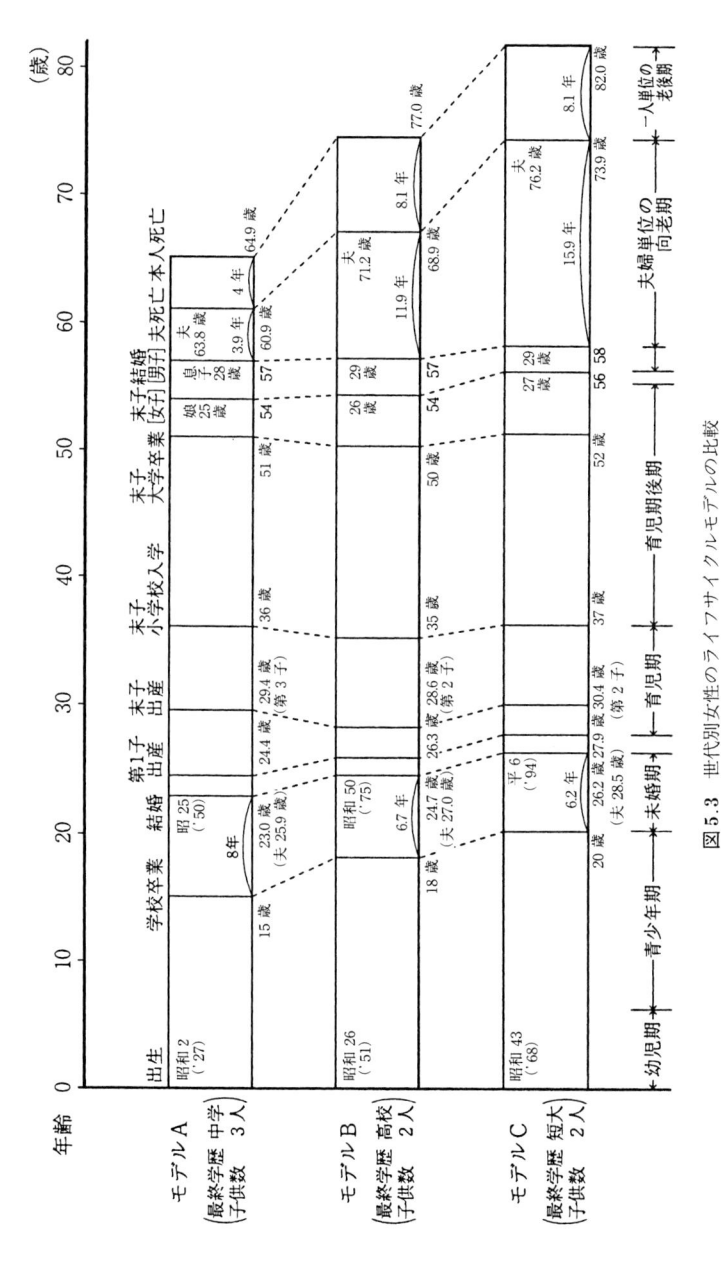

5.2 戦後の家庭生活の変化　　121

図 5.3 世代別女性のライフサイクルモデルの比較

モデルおよび夫の出生年は昭和25年、同50年、平成6年の「平均初婚年齢」より、平成6年の「平均初婚年齢」より逆算。子どもを出産した年齢は、モデルAについては昭和25年の「第1子、第3子出産時の母の平均年齢」より、モデルBとCの第1子出産は昭和50年と平成5年の「結婚から第1子出産までの平均期間」より、第2子出産は昭和50年と平成5年の「第1子出産時の母の平均年齢と第2子出産時の母の平均年齢の差」より算出。モデルおよび夫の死亡年齢は、それぞれの満20歳時の年の平均余命より算出（ただし、モデルAの夫については昭和22年のものを使用）。厚生省：人口動態統計、簡易生命表、出産動向基本調査（出産力調査）、文部省：学校基本調査、総理府：女性の現状と施策（平成7年度版）

た．前述のように，当時の子育てにかかる家事労働は，負担の大きいものであった．女性の一生は，子育ての一生だったといっても過言ではない．

昭和2年生まれの女性の出産期間は平均5年であったのに対し，昭和43年生まれの女性は，27.9歳で第1子を産み，30.4歳で第2子を産み終えるので，出産期間の平均は2.5年，昭和2年生まれの女性と比べると半分に短縮されている．平均寿命は80歳を越えているので，末子結婚から死亡までのいわゆる空の巣期の期間は24年となり大幅に伸長している．

末子が就学すると煩雑な子育ての時期が一段落する．その後の人生を2世代で比較すると，昭和2年生まれは，28.9年，昭和43年生まれは45年となる．現在子育てをしている女性は，子育て後に半分以上の人生が残されていることになる．これはあくまでもモデルであり，それぞれの女性の人生がこのとおりになるとは限らないのは，いうまでもない．しかし，戦後50年の間に，日本の女性は余暇時間が増大し，家庭責任以外の人生設計の必要性が増したことは事実である．

c. 現代の家庭生活と今後の展望
1) 女性の雇用労働化

高度成長は都市部の雇用者を増大させ，いわゆる「働き蜂」，「企業戦士」をつくりだした．長時間労働を強いられる夫を家庭で支えたのは，専業主婦である．しかし，生活様式，ライフサイクルの変化による余暇時間の増大は，やがて女性の社会進出を後押しする．女性雇用者は年々増加し，1996年には雇用者の女性比率は39.2%になった．家族従業が減少したこと，オイルショック以後の産業構造の変化によりパートタイマーの需要が増大し，家庭と仕事を両立できるこの就業形態を女性が選好したのも，女性の雇用を増やす要因となっている[11]．

女性の年齢階級別労働力率は，子育て期の30歳から34歳の年齢階級に値が低くなるM字型を依然描いているが，子育てをしながら働き続ける女性も増え続けている（図5.4）．男女の平等化をはかる男女雇用機会均等法は1997年改訂された．また，育児・介護休業法など家庭と仕事の両立を助ける法律も拡充されつつある．これまでの「夫は外で働き，妻は家庭を守る」という性別役割分業により支えられてきた家庭は，「夫も生活自立，妻も経済自立」し，男女がともに築

く男女共同参画型の家庭に転換しつつある．1999年には，男女共同参画法も制定された．

性役割意識の形成は幼年期や児童期の家庭環境によるところが大きいとされている．小学生を対象に行われた調査によると，父親が家事分担する家庭では，男の子の性別役割意識が形成されにくいことがわかった（表5.3）[12]．男女共同参画社会の実現は，家庭が重要な鍵を握っている．

2） 家庭生活の個別化

さらに特記すべきことは，家庭生活の個別化である．産業構造の変化による家族従業の減少，また家庭電化，家事労働の外部化などにより，先にあげた第一の家庭の機能である基本的欲求の充足が，家族単位で行われなくなってきた．衣・食・住の生活を家族が集約的に行うメリットが減少したということである．食生活を例にあげると，食品産業の発展に伴い冷凍食品やインスタント食品などの加工食品が豊富に供給され，コンビニエンスストアなどの普及により容易に個人単位の食材が手に入るようになった．家庭の台所には電子レンジなどの調理機器も整い，各家族員が個別に食事をすませる利便性が増している．

家族と一緒ではなく，一人で食事をするいわゆる「孤食」は，1985年の足立の『なぜひとりでたべるの』により子ども達にまで拡がっていることが明らかとされ，話題を呼んだ[13]．大学生の子どもをもつ家族を対象とした1994年の調査では，夕食をともにする家族は，家族の会話や家族の記念日のお祝い，旅行など，その他の共同行動も頻度が高いことが明らかとなり，食事は家族の凝集

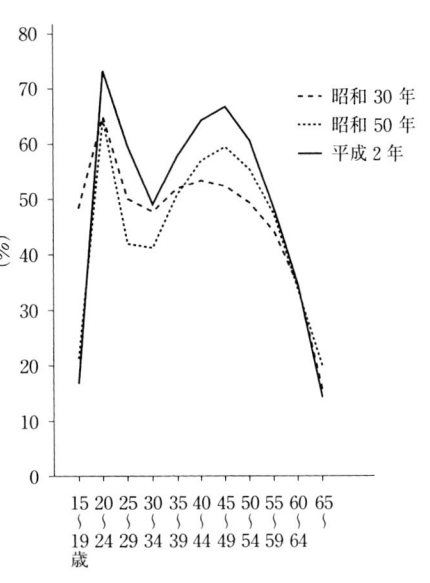

図5.4 M字カーブの変遷
総務庁：国勢調査，総理府：女性の現状と施策（平成7年度版）

表5.3 父親の家事参加別，子どもの性別役割分業意識（表・平田，1996）

【男の子のみ】 (%)

家事参加の頻度 \ 意識の程度	低	中間	高
参加群	51.2	25.6	23.3
中間群	29.3	19.5	51.2
不参加群	34.0	37.7	28.3

$N=137$, $\chi^2=11.49838$, $p=0.0215$

を促す行為であることが証明されている[14]．家族の食事の共有は，石毛の「人間は共食（家族での食事）をする動物である」の言葉が表す[15]とおり，家族にとって重要な共同行動といえるが，個別化に進んでいるのが現状である．

家庭生活の個別化に伴って，家族員の家族に対する帰属意識も低下しつつある．現代の家族は，家族としての幸せよりも個人としての幸せを優先させる傾向があらわれてきた．居住様式の近代化によって子どもに与えられた個室や，個人専用のテレビ，オーディオ製品，携帯電話の普及はこれに拍車をかける要因となっているだろう．また，家庭において，通信や情報の収集にパソコンを利用することが多くなってきた．最近では，インターネットによる通信販売の利用者も増えている．家族と共有することなく，個室において個人単位で家庭生活を営むことを助ける装置が，次々とそろってきた．今後，家庭生活の個別化はさらに進むだろう．

3）ライフスタイルの多様化

近年，前述のライフサイクルでは一般化できない多様な生き方，ライフスタイルが，社会に容認されるようになってきた．1997年の厚生省による調査では，必ずしも結婚を望まない者が若年層に多く存在することを浮き彫りにした[16]．また，結婚しても子どもを産み育てない，いわゆるDINKSも，ライフスタイルの選択肢のひとつとなっている．このようなライフスタイルの多様化を背景に，初婚年齢の上昇に伴って子どもの数は減り続けている．2000年の総務庁の発表によると総人口に占める15歳未満人口は，14.2％で，65歳人口を下回っている．近い将来訪れるであろう「超高齢化社会」への対応が危惧されている．

4）家庭機能の変化

家庭生活の変容に伴い，家庭の機能が変化しつつある．基本的欲求の充足について，家族が集約的に行うメリットが減少していることは，すでに述べた．

家庭以外の代替が困難であり，最も重視すべき機能である人間形成的機能もその例外ではない．特に子どもの教育に関しては，70年代から始まりいまだ解決をみないいじめ，不登校，最近では学級崩壊などの学校における諸問題，年々凶悪化する少年犯罪は，家庭教育力の低下と結びつけて論じられがちである．

現代の子ども達の家庭環境には，情報やモノが氾濫している．養育者である親がそれらをコントロールできないのが現状である．パソコンが普及した今は，世

5.2 戦後の家庭生活の変化

「お金を使うことが好き」　　　　「欲しいものはすぐ買う」

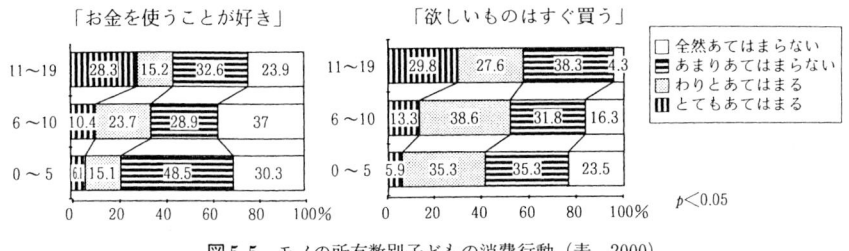

	全然あてはまらない
	あまりあてはまらない
	わりとあてはまる
	とてもあてはまる

11〜19　28.3　15.2　32.6　23.9　　　11〜19　29.8　27.6　38.3　4.3
6〜10　10.4　23.7　28.9　37　　　6〜10　13.3　38.6　31.8　16.3
0〜5　6.1　15.1　48.5　30.3　　　0〜5　5.9　35.3　35.3　23.5

$p<0.05$

図 5.5　モノの所有数別子どもの消費行動（表，2000）

代間に断絶が生まれ，さらにその傾向に拍車をかけているといわれる．小学生を対象とした1997年の調査によると，高価なおもちゃなどを多く所有することや，ルールを伴わないモノや金銭の提供は，子どもの健全な金銭感覚にマイナスに働くことが明らかとなっている[17]．高価なおもちゃなど自分専用のモノの所有数が多い子どもは，「お金を使うことが好き」，「欲しいものはすぐ買う」と回答する割合が高いことが図5.5からわかる．

情報，経済環境以外も，受験戦争の激化に伴う学習塾や習い事，遊び，人間関係など，現代の子ども達をとりまく生活環境は大きく変容している．雇用労働化や社会活動など，女性の社会進出が進む一方，閉鎖的な家庭の中で，わが子以外によりどころのない母親が引き起こす母子密着が，子どもの教育に深刻な陰を投げかけているのも事実である．複雑な社会に置かれた家庭において，次代を担う世代の育成は，重大な責任を負うものである．

また，少子化に伴う超高齢化社会の到来に際して，社会保障制度に限界が訪れることは必至である．日本の高齢化の特徴は，世界にまれにみる速さで高齢化が進んでいることである．高齢化の速度は，65歳以上人口比が7%から14%になる倍化年数が尺度として使われるが，フランスでは130年，スウェーデンは85年要したのに対し，日本は1970年に7%を越え，14%に至ったのは1994年，実に24年であった．2025年には世界一の高齢化国になり，しかも75歳以上の後期高齢者人口が65歳から75歳未満の前期高齢者人口を上回ることが試算されている．家庭への期待がますます高まることが予想される．

5）　地球環境保全の役割

公害や薬害など，高度成長期の経済優先主義が人間の生活に及ぼした影響については先に述べたが，その後も森林伐採や自動車の排気ガスなどによる地球温暖

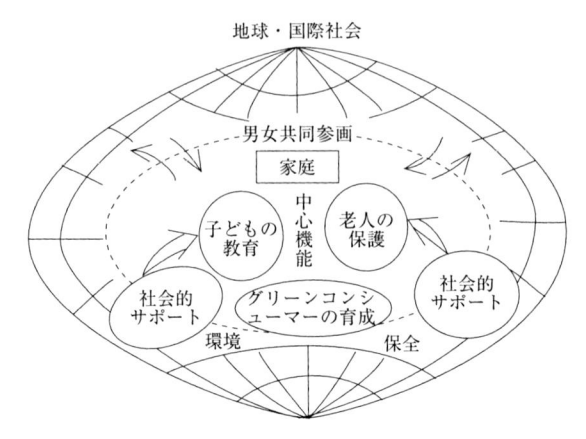

図5.6 これからの家庭の機能

化，フロンガスによるオゾン層破壊など，地球規模で考えなければならない環境問題が次々と明らかになっている．地球環境保全もまた，家庭に課された大きな責任である．ゴミ問題，水質汚染問題は，家庭から出るゴミ，生活排水が主な原因であり，直接家庭とかかわっている．また，エネルギーの選択，リサイクル，地球温暖化対策などを含めた地球環境保全に貢献する消費者（グリーンコンシューマー）の育成は，地球の将来を左右するきわめて深刻な課題である．

6）今後の家庭生活

以上を総合すると，今後の家庭像は図5.6のようになる．家庭は地球環境における一組織として位置づけられる．また，インターネットを通じて，直接国際社会と情報の相互交換を行う．家庭の中心的機能は，子どもの教育と老人の保護であるが，社会的サポートが不可欠である．社会の運営のみならず家庭の経営は，男と女が共同して行うことは，いうまでもない．

5.3 「家政」を考える

次に，「家政」について述べる．「家政」は学問名称に含まれ，学問対象として位置づけられていたが，現在では，学問名称の変更も論議されている．

a． 家政学の研究対象の変遷

前節では，戦後から現在までの家庭生活が大きく変化したことを述べた．われわれの日常生活の向上に貢献する実践科学である家政学も，年々刻々と変化する家庭の様相を反映して研究対象の内容を変化させてきた．

家政学が学問として成立した戦後から現在まで，多くの家政学研究者によって，家政学の研究対象についての見解が示されている．それぞれの研究対象の内容は多様であり，「家」，「家政」，「家族」，「家庭」，「家庭生活」や，家庭生活に「類する集団生活」，「準ずる生活」，「密接な関係にある事象」，家庭生活と「環境との関係」，「環境との相互作用」，あるいは「人間の生活の仕方」，「家庭経営上の諸問題」などが取り上げられている[7]．比較的多くの研究者が取り上げているのは，「家庭生活」と「家政」である．1984年に『家政学将来構想1984』が出され，統一見解が示されてからは，「家庭生活を中心とした人間生活」となる．大きく分類すると，①「家政」のみを研究対象とするもの，②「家政ならびにこれを中心とする人の生活」など「家政＋α」，③「家庭生活」のみ，④「家庭生活およびそれに類する集団生活」など「家庭生活＋α」，⑤『家政学将来構想1984』に示された「家庭生活を中心とした人間生活」，⑥その他，の6つとなる．

時系列の変化を明らかにするために，戦後から1959年，1960年代，1970年から『家政学将来構想1984』の出される前年の1983年，1984年以降の4段階に区分し，先の家政学関連文献における家政学の研究対象についての見解が，どの年代に示されたのかを検討する．

戦後から1959年までは，家政学の研究対象は「家政」を中心とするものが多い．9編の文献のうち5編までが「家政」を含んでいる．1960年代は，「家政」が減少して，「その他」の文献が多くなる．それぞれの研究者が様々な見解を述べた激動の年代といえるだろう．やがて70年代には見解は「家庭生活」に集約される．この年代は11編のうちほとんどの文献が「家庭生活」を含み，研究者の見解が統一されてきたとみてよいだろう．1984年以降は『家政学将来構想1984』の研究対象が引用され，「家庭生活を中心とした人間生活」とされている（表5.4）[18]．

戦後から1959年までの，学問名称を「家政学」としてスタートした直後は，学問名称に使われた「家政」を家政学の対象とみる見解が多かった．60年代に

表 5.4　家政学の研究対象についての諸見解（表，1995）

(件)

	家政のみ	家政+α	家庭生活のみ	家庭生活+α	家庭生活を中心とした人間生活	その他	計
戦後~1959年	3	2		2		2	9
1960年代	2	1		3		5	11
1970~1983年			5	4		2	11
1984年以降					2		2

宮川　満・宮下美智子：家政学原論，家政教育社，1981および宮下美智子：「家政学と生活科学は同じか」原論報，1994より作成．

入ると前述のように高度成長の影響により生活様式の急激な変化が起こる．家政学の対象は，研究者がそれぞれ違った見解を出すが，現実の家庭生活の揺れが影響を及ぼしたものと考えられる．70年代，とりわけ石油ショック以降は，めまぐるしい家庭生活の変化も落ち着きをとりもどし，経済優先主義への批判もあらわれて，「家庭」，「家庭生活」が社会的に注目を集めた年代である．家政学の対象も多くの研究者が「家庭生活」であるとした．1980年代以降は，主婦として家庭を守っていた女性の社会進出，家事労働の外部化の進行などの理由により，家庭生活と社会生活の境界線が曖昧となった．したがって，家政学の対象を家庭生活に限定することが困難となり，対象の枠を人間生活にまで拡げるに至ったのである．

家政学の研究対象に関する見解は，変化する家庭生活に柔軟に対応し，形を変えている．『家政学将来構想 1984』では「家庭生活を中心とした人間生活」であるが，家庭生活，さらには人間生活の変化に伴って，将来も変わっていくことは必至である．

b．家政とは

戦後から1950年代まで，家政学の研究対象とされた「家政」とは何か．訓辞的解釈では，「家をおさめること．特に，日常の家庭生活を処理してゆく方法」とある[1]．「家庭」と比較すると，現在，日常的に使用されることは少ない．

「家政」とは，そもそも「国政」に対して用いられた言葉と考えられる．すなわち「家の政（まつりごと）」である．近世から近代にかけて成立した日本独自

5.3 「家政」を考える

の直系家族制である家制度下では，一家を守り治めること—家の政—は，国の政に匹敵する重要な任務であり，その任務は家長にゆだねられた．近世においての「家政」は，家人の統率，家業・家産を守り継承していくことなどの内容を包括していた．明治になると，衣・食・住・育児・看護・老親の世話・家計など，「家」の対内的役割の総称として「家政」という言葉が用いられるようになる．女性が行うべきそれらの対内的な「家」の運営のために，女子教育に「家政教育」が加えられた．明治中期には「家政学」と称する女子教育のための書物がすでに刊行されている．

では，家政学の研究対象を「家政」とする文献が多くみられた戦後から1950年代の「家政」は，どのような概念としてとらえられていたのだろうか．中原賢次は『家政学原論』の中で，「家政とは家庭における精神的，身体的，技術的，社会的営み」としている．石田きよは，『家政—その理念と運営』の中で，「家政とは，人間の家庭生活における精神的，技術的営み」と述べている．また，松平友子は，家政を「家庭生活の運営されている状態もしくは運営の仕方」ととらえている．戦後から1950年代までは，「家政」を「家庭の営み」，すなわち家庭における生活，家庭生活とほぼ同義と考えられていたことがわかる．

1960年代，70年代になると「家政」に単なる「生活」ではなく，「生活の経営」の意味を含める見解が多くなる．原田一，田辺義一は，「家政」を「家庭経営」と同義であるとしている．また，今井光映は，「家政」を家族・個人など生活を営む者と彼らが目的を目ざして営む活動との統一体と定義し，人間の営みの原点，「根元経営」とした[7]．

その後，「家政」を含む学部・学科名称の変更が相次いでいるのは，周知の事実である．現代人の考える「家政」から家制度の封建的なイメージが払拭されていないことは否めない．しかし，「家政学」の名称は，時代が激動する中100年以上の長きにわたり継続しえた実績をもつこともまた事実である．したがって，学問名称の変更には慎重にならなければならないとの意見も多い．"人間の根元的な営み"を科学的に解明し，向上をはかる家政学は，将来的にさらに社会に必要とされる科学になるだろう．社会の期待に応えられるか否かが，名称問題を含めた「家政学」の未来を決定するものと思われる．

5.4 家政学における「生活」

家庭と社会がボーダーレス化した結果,家政学の研究対象は,家庭生活から人間生活に枠が拡がった.新しい家政学のキー概念である「生活」について,次に考えていく.

a. 生活とは[18]

われわれが日常使っている「生活」という言葉の訓辞的解釈は,①生きて活動すること,働くこと,②世の中で暮らしていくこと,暮らしなどの意味が含まれている.これまで,家政学以外に,民族学,社会学,経済学,法学など多くの学問分野において生活に関する研究が行われている.しかし,それぞれの科学において「生活」のとらえ方は異なる.民族学は,様々な社会の人間の生活習慣・生活様式などを調査研究し,人間の生活実態の多様性を明らかにしている.社会学は,人間の共同生活を研究対象としており,生活の場や生活の諸側面の多様化に対応して専門分化してきた.経済学においては,労働者の労働と生活を全体的にとらえようとする生活構造研究が行われてきたが,最近では消費経済学などにおいても国民の生活を総合的にとらえようとする研究が盛んになってきている.法学では,特に家族関係の紛争にかかわる家族法において生活の実態と法との関係を対象とする法社会学的研究が行われてきた.

それでは,家政学における生活のとらえ方はいかなるものであろうか.1948年から1990年までの家政学関連を30選択し,その中の「生活」についての説明を検索したところ,戦後から現在までの家政学の生活概念には4つの傾向がみられることがわかった.すなわち,①生命,生存を区別し,それらを含むとしながらも,社会,文化的生活の重要性を強調したとらえ方,②行動の過程とみるエコロジカルなとらえ方,③欲求充足過程とみるとらえ方,④このいずれにも属さないとらえ方である.初期の年代には,あらためて生活の概念規定をしないで生活という言葉を使う文献が多かったが,1970年代,家政学の研究対象が「家庭生活」とする見解が増えると,生活の意味が説明されるようになる.このとき,①の文化,社会的生活を重視する概念規定が多くみられた.家政学の研

究対象が「家庭生活を中心とする人間生活」に枠が拡げられると，行動の過程，あるいは欲求充足過程ととらえられるようになる．これらは，生活を衣・食・住・育児といった諸側面に区分せずに，全体的，総合的にとらえているといえる．従来のように，生活を部分領域の中でとらえていては，個別化，多様化し，家庭生活と社会生活の境界線が曖昧になった現代の生活に対応させることは困難である．実際の研究としては，まだ部分領域の壁が残ることは事実であるが，高齢化問題や環境問題などを中心テーマに掲げて，全体的，総合的に生活を研究する試みも始められている．実際の生活は，ばらばらに行われるのではなく，全体的，総合的な営みである．生活を全体的，総合的にとらえる研究こそ実践的であり，家政学の発展に寄与するものであろう．

b．「生活」の位相的発達段階説

家政学部が新制大学に設置され，学会，学会誌も整えられて，家政学が学問として社会に認められるのは戦後になってからである．その前後に，家政の学問的価値を論ずる家政学論が多くの研究者によって展開された．こうした家政の体系化を行った研究者は，中原賢次，常見育男らであり，いずれも，家政学の社会的認識を高めようとするエネルギーが感じ取れるものである．なかでも，黒川喜太郎の「生活」の位相的発達段階説は，哲学的思考を基礎とするユニークなものであるので，以下に簡単に紹介する．

位相的発達段階説とは，「人間の生活は，物質・生命・生存を経て生活に発達，変化する」というものである．第1段階として，人間，生物の始源・生成・発達の根源である「物質」を位置づけている．物質は生命が生成された原体であり，人間は，物質の法則を生存の手段として利用する．第2には，生物の生物たるゆえん，生物としての原体である「生命」，第3に生命の存続体，生活の原体である「生存」を位置づけた．そして，人間が他の生物と区別された段階が「生活」である．生活という言葉にはいくつかの意味が包括されているが，その中で，「生きること」は「生命」，「生きていること」は「生存」であり，「生活」は「働くこと」を含み，いかに生きるか，生き方，生きる方法を問題にするととらえる．現実のわれわれの生活では，身体が生理学・医学の対象となる点は物質であり，生命をもち，生き続けつつ（生存），しかも思慮しつつ生活する．これら4

段階は別々の機能をもつのではなく,すべてが生活統一体として働くとしている.そして,家政学は物質・生命・生存については自然科学的方法で,生活は社会科学として究明すべきことを説いている[19].

c. 「生活」にかかわる家政学のキー概念

近年の学部・学科名称の変更は,学部・学科名のみならず,カリキュラムの改変も伴うことから,従来の「家庭」,「家政」を冠する科目名が,「生活」を冠する科目名に置き換えられてきた.また,時代の趨勢も加担して,家政学の学術用語も「生活」にかかわるものが多く使われるようになっている.以下,最近よく使われるようになった「生活者」,「生活環境」,「生活文化」の3つの言葉を取り上げ,その意味と,家政学においての使われ方などについて,日本家政学会家政学原論部会関西地区会編『生活研究に関わる家政学のキー概念』を参考に考える.

1) 生 活 者[20]

「生活者」の語は,国語辞典や用語辞典には収録されていないが,1995年の「イミダス」が取り上げて説明している.それによると,消費者は生産者に対立する概念を表す経済用語であるのに対し,生活者は従来のモノ・カネを上手に消費するという消費者意識ではなく,消費者問題も含めて,経済・社会の構造変化に適応した幅の広い視野,生き方をする者とある.また,和英・英和家政学用語集には「生活者(生産者プラス消費者)」との掲載があり,英語訳にアメリカの経済学者 Alvin Toffler による造語「prosumer」があてられている.

「生活者」は,最近になってよく目や耳にする言葉であり,新しい響きがある.しかし,家政学では生活主体としてかなり以前から使われている.奈良女子高等師範学校付属女学校の家事科教師であった溝上泰子は,1886年から1888年に出版された『生活者の思想』の中で,「"いかにするか"とまず考え,それに対する対策をなして行くような態度の人間が真の生活者であり,そういう人間の指導が真の生活指導であり,家事指導であり,教育であろう」と述べている.家政学の中で「生活者」が汎用されはじめるのは,高度経済成長に伴う公害,環境破壊,人間性の軽視などのひずみが表面化して,経済優先主義に対する批判が高まった1970年代初頭である.さらに家政学の対象が「家庭生活」から「家庭生活を中

心とした人間生活」に改められると，家政学文献データベースに登録される「生活者」のキーワードが増加する．

　1980年代末から景気が高揚して株価，地価が上昇し，分配の不公正への社会の不満が高まりだすと，再び生活重視，企業の社会的責任重視の風潮が復活する．政府は「企業中心から生活者中心の政治へ」の転換を唱え，1992年「生活大国5カ年計画」を提唱する．施策の柱のひとつに，「生活者・消費者の重視」が掲げられ，その後「生活者」の語を用いた公的機関の報告書が相次いでいる．

　家庭生活の個別化が進む今日，「生活者」は「家族」にかわる概念として注目されている．しかし，家政学においては，「日々の暮らしの中で，家事労働あるいは生活経営を，自らが実際に行う者」というだけでなく，「主体的に目的意識をもって真に豊かな生活をつくりあげようと努力する者」というポジティブな意味を含めて使われる場合が多い．今後，「生活者」という語は，家政学が育成すべき人材として，さらに多く使われるようになることが予想される．

2) 生活環境[21]

　『広辞苑』は，1991年第4版になって，「生活」の言葉の中に初めて「生活環境」を用例として収録し，「人間の日常生活に影響する自然・人事などを含む周囲の状況」としている．生活環境は「日常生活に影響する」周囲の状況ということで独自に特色づけられ，自然との相互作用による自然的環境と，人がつくりだした社会との相互作用により条件づけられる社会的環境に分類されている．

　家政学においては，アメリカ家政学の創始に大きく貢献したエレン・H・リチャーズの優境学に影響を受け，人間の日常的行為を「人間と環境との相互作用」と規定し，環境の視点から生活をとらえる発想をしてきた．加勢川らによる『生活環境論』は，①生活環境把握の理論，②大気汚染・水質汚染・土壌汚染などの公害の実態とその解決策，③気象の人間生活への影響（健康と病気），気象環境の開発，④衣生活の快適性，⑤生活問題としての社会環境の実態と方策（経済的環境・社会的環境）の具体的内容からなり，生活環境を公害などの環境問題からとらえようとしている．また，日本家政学会編の『生活環境論』は，①生活環境としての人間・家族・社会・文化，②生活環境としての居住環境，③現代の環境問題，④生活環境と家政学の4つの内容構成である．住居領域では生活環境の構成要素を1972年の国連人間環境会議で取り上げられた問題を引用し，

①住居, 近隣環境, ②自然環境, ③生産・労働環境, ④福祉・医療, ⑤教育・文化問題, ⑥都市環境（農村環境）としている[9]．

以上,「生活環境」は, 家政学においても多様なとらえ方があることがわかる. 人間の日常生活とかかわるすべての事象である「生活環境」は, 家庭と社会の境界が曖昧な現代の趨勢に適合する概念である. 今後は, 家政学独自の視点をもつ「生活環境」の体系化が必要となる.

3) 生活文化[22]

「生活文化」は学術用語以外にも, 日常的に幅広く使われている.「生活文化」そのものの国語辞典への収録はみられないが,「文化」の訓辞的解釈は,「人間が自然に手を加えて形成してきた物心両面の成果, 衣食住をはじめ技術, 学問, 芸術, 道徳, 宗教, 政治など生活形成の様式と内容を含む. 文明とほぼ同義に用いられることが多いが, 西洋では人間の精神的生活にかかわることを文化と呼び, 文明と区別する」とある.

学部・学科名称変更の中で, 学部・学科名, 科目名として「生活環境」と並んでよく目にするようになった. 1992年に生活科学部に改組したお茶の水女子大学では, 人間生活学科に生活文化学講座を置き,「人間にとって最も身近な服飾を中心とし, その周辺の生活造形を含めた生活文化の歴史と現代を美学的に考察し, また広く東西の生活文化の諸領域についても比較検討する」としている. また, 翌1993年に生活環境学部に改組した奈良女子大学においても, 人間環境学科に生活文化学講座を置き,「多様な日常的行動の様式・生活様式・生活圏の形成過程やそのメカニズムなどを取り上げるとともに, 人間の願望や意識や価値観との関連も研究する」と案内している. この2つの例の「生活文化」学に対する共通認識は得られにくい.

家政学において「生活文化」の語は戦後のかなり早い時期から文献に登場するが, 長く定義をされないで使われていた. 1991年の日本家政学会編の『生活文化論』において,「衣食住, 育児, 家庭経営の仕方から自由時間の過ごし方までを含む生活の局面にかかる文化, そして文化とは特定の社会の人々によって習得され, 共有され, 伝達される行動様式ないし生活様式の体系である」と定義された. 富田 守は「生活文化は日常生活のいろいろな事柄を全体として示すもの」, すなわち「家庭生活活動のありよう」であり,「家政学は生活文化の学」と述べ

ている.斉藤悦子らの「伝承性,創造性」を包括する定義もあり,「生活文化」概念はまだ揺れ動いているのが現状である.　　　　　　　　　　　〔表　真美〕

文　献

1) 松村　明編:大辞林,p. 476, 498,三省堂,1995
2) 日本生活学会編:生活学事典,pp. 453-457, p. 532,ティービーエスブリタニカ,1999
3) 犬塚都子:明治中期の「ホーム」論に見る家庭観と家政観—明治18～26年の『女学雑誌』を中心に—,家族関係学,No. 8, pp. 15-20, 1989
4) 表　真美:明治期高等女学校家事科検定教科書における食事の共有と団欒,家政学原論部会会報,No. 32, pp. 82-89, 1998
5) 田辺義一:家政学総論,pp. 83-84,光生館,1971
6) 亀高京子・仙波千代:家政学原論,p. 64, pp. 70-73, 75-77,光生館,1981
7) 宮川　満・宮下美智子:家政学原論,pp. 35-36, 57-62, 65-68,家政教育社,1981
8) 金原左門・竹前栄治編:昭和史,pp. 355-369,有斐閣,1989
9) 日本家政学会:家政学事典,p. 198, pp. 792-793,朝倉書店,1990
10) 湯沢雍彦:図説家族問題の現在,p. 20, 114,日本放送出版協会,1995
11) 岩男寿美子・加藤千恵編:女性学キーワード,p. 125,有斐閣,1997
12) 表　真美・平田裕子:小学生の性役割意識と家庭科,家庭科教育,**76** (6), pp. 45-51, p. 836, 1996
13) 足立巳幸:なぜひとりで食べるの,日本放送出版協会,1983
14) 表　真美:家族の統合に関する研究—夕食の共有との関連を中心に—,教育学科紀要,1998
15) 石毛直道:食事の文明論,pp. 51-54,中央公論社,1982
16) 国立社会保障・人口問題研究所編:平成9年独身青年層の結婚観と子ども観—第11回出生動向基本調査—,厚生統計協会,1999
17) 表　真美・宮崎玲伊子:モノの豊かさと子どもの金銭感覚,家庭科教育,**74** (5), pp. 24-29, 2000
18) 表　真美:家政学における「生活」について,家政学原論部会会報,No. 29, pp. 47-52, 1995
19) 黒川喜太郎:家政学原論,pp. 94-138,光生館,1957
20) 表　真美:生活者(日本家政学会原論部会関西地区会編『生活研究に関わる家政学のキー概念』),pp. 71-88, 1996
21) 横川公子:生活環境(日本家政学会原論部会関西地区会編『生活研究に関わる家政学のキー概念』),pp. 13-26, 1996
22) 宮下美智子:生活文化(日本家政学会原論部会関西地区会編『生活研究に関わる家政学のキー概念』),pp. 27-38, 1996

6. 社会と家政学

6.1 国際的視野から

「国際」という用語がinternationalの訳語として定着したのは，開国政策を進めた明治期になってからであることは当然のことである．この用語は字義的には"国と国とのまじわり"であるが，その意味内容は"広義に解釈した国内と国外のシステムとの差異の認識，異なった価値体系との接触や交渉"であり，「国際化」とは"自国と他国のシステムの間の接触，差異の認識，利害の調整，システム相互間の共通項をつくる作業"[1]であるといえる．そして「国際化」の進む中では，人・物・金・情報などが世界規模で容易に相互に移動するため，いずれの社会も閉鎖型から開放型へ変わらざるをえない状況になる．さらに「国際的視野」とは，自国とは異なる文化・思想・法律・教育・技術などを受け入れ，それらの自国と他国の共通性とともに独自性を明らかにし，自国と他国とがともに発展し共生できるようにする視点をもつことであると解される．

これより，「国際的視野から家政学をとらえること」とは，家政学における国際化と同義的に位置づけられるように思われる．そして「家政学における国際化」とは，他国の家政学の研究成果，研究者や学会・研究会などとの接触や交渉などを通し，自国と他国との家政学に関する差異をふまえての家政学に対する共通認識をつくりあげ，その学問としての発展に寄与すると規定することができよう．

ここでは，日本の家政学が他国のそれとどのように接触し，共通認識をつくり

あげ，家政学を発展させてきたかという「家政学の国際化」について，学制頒布後の明治初期から日本家政学会（以下，家政学会）の"ひとつの里程標（milestone）"となる『家政学将来構想1984』[2]の発刊までの潮流を，第二次世界大戦終結の前と後とに分けて概観し，さらに日本の家政学界の国際学会における活動をとらえることにする．

a．家政学の国際化の歴史
1）明治期から第二次世界大戦終結まで

家政学における国際化が外国の家政学に関する文献，教育制度・教育施設，研究者・関係者やその集団などを通して，その研究成果や情報などを「吸収（take）」したり「供出（give）」したりすることによって行われると解するならば[2]，明治期から第二次世界大戦終結までの国際化は，「吸収」が主であったといえる．

明治期において外国の家政学の研究成果・情報などを「吸収」するという家政学の国際化に大きな影響を与えたこととしては，第1に明治初期にみる家政教育に啓蒙的役割を果たした翻訳的な家政学文献がある．その代表的著作には『西洋衣食住』（片山淳之助訳〔福沢諭吉は弟子の片山淳之助の名を使用していた〕，1867），『家事倹約訓』（永田健助訳，1874），『経済小学家政要旨』（永峯秀樹訳，1876），『家内心得草』（穂積清軒訳，1876），『家事要法』（海老名 晋訳，1881）などがある．特に『家事要法』は，C. ビーチャーが世界最初の家政書とされる『Principles of Domestic Science』を1870年にアメリカで刊行した後に，妹のH. B. ストウの協力を得て改訂した書を訳したものであり，家政学教育の発展に大いに貢献した[3]．

第2の「吸収」として，明治後期にみる家政学研究のために留学生を派遣したことをあげることができる．その中には，後の家政教育のみならず女子教育を推進した成瀬仁蔵（1891～1893年にアメリカ留学，日本女子大学校創立），大江スミ（1902～1905年に最初の家政学専攻の文部省派遣留学生としてイギリス留学，東京家政学院創立），井上秀子（1907～1910年にアメリカ留学，日本女子大学校第4代校長）らがみられる．

留学の成果として，家政学の専門書の刊行や女子教育の実践を行った．例え

ば，大江は『応用家事教科書（上・下）』(1918) を著作し，理論とそれにもとづく実験・実習を導入した実用的合理的家政教育を，自ら創立した東京家政学院において行った．そして，井上は家庭生活を経営管理として把握し，家庭管理が家庭の財政を含めた行政にかかわる問題を包括する社会科学であるという考えを骨子として『家庭管理法』(1928) を著作し，科学としての家政学の基盤を形成したとされる．また成瀬は，アメリカ留学において女子教育のあり方に関する研究を通して女子教育の主たる方針が「家政学によって国民の福祉増進をはかり国家社会の改善」[4]であると打ち出し，1917年に設置された臨時教育会議において「家政学を中心とする女子高等教育・女子大学の必要性」を主張したが，時期尚早として認められなかった．

一方，家政学の国際化としての「供出」は，中国人留学生の受け入れおよび中国語訳された家政書を通して行われた．例えば，下田歌子（1893〜1895年にヨーロッパに留学，実践女学校・女子工芸学校創立）がヨーロッパ留学中に中国を"兄弟の国"と考えるに至ったこと，下田自らが中国語を習得して初期の中国人女子学生を指導したり学生寮を完備したりして中国人留学生の勉学の環境を整えたこと，下田の指導を受けた女子留学生が下田歌子著『新選家政学』(1900) や成瀬仁蔵著『女子教育論』(1896) を中国語に翻訳して中国の女子教育において使用したこと[5]などである．その後は「清国留学生取締規定」(1905年) や「対華21カ条」(1915年) が中国人留学生を急激に減少させることになり，家政学における国際化としての「供出」はほとんどみられなくなった．

このような外国の家政学を「吸収」するが，「供出」することはあまりみられないという動向は，現在に至るまでの日本の家政学における国際化の特徴であるととらえられるが，特に国家主義の台頭によって「供出」のみならず「吸収」もほとんどみられなくなった．その状況が，第二次世界大戦終結まで続くことになった．

2) 第二次世界大戦終結後から現在まで

日本における女子大学の設置は第二次世界大戦終結後に実現されることになる．すなわち，アメリカ教育使節団の勧告によって男女の教育機会均等が現実化されて1948年には日本女子大学や東京女子大学など5つの女子大学が設置された．また，翌1949年設置のお茶の水女子大学と奈良女子大学をはじめ多くの女

子大学には，これまで認められていなかった家政学部が中核的に位置づけられていた．

このような家政学部の設置は，1920年の臨時教育会議において成瀬の主張した"家政学を中核にした女子高等教育・女子大学の設置"の必要性が"家政学が学問としての体系をなしうるとすることには疑問である"という理由で否定されてきたことが却下され，家政学が学問として成立することが認められたことを意味する．そして，1949年には，家政学の学術団体としての家政学会が創設された．

しかし，その動きは内発的ではなく外圧によって生じたのであり，占領軍総司令部民間情報教育局顧問であったL. ホームズ博士の指導助言によって現実化されたのである．それは，ホームズ博士がアメリカの女子高等教育制度と家政学部に対する自負をもっていたこと，アメリカにおいて家政学の果たしてきた役割を評価していたことなどにもとづくものであった．具体的には，大学昇格にふさわしい内容と伝統をもつ女子専門学校が「女子大学連盟」を結成すること，その連盟において大学の教育内容についての研究を行うこと，その成果にもとづき連盟が協力して女子大学設置の実現のために努力すべきことなどの勧告を行って，その実現化を指導した．さらに，大学設置規準作成にあたって，アメリカの大学の家政学部のカリキュラムを参考するように具体的に提示したりして[6]，家政学部のカリキュラムの中に家政学原論が位置づけられるようにした．

これより女子大学における家政学部の設置はホームズ博士の指導助言を日本が「吸収」したという国際化の結果であり，第二次世界大戦後の日本の家政学が国際化の中で発展してきたといえる．特にアメリカの家政学界からの影響は強く，学術翻訳書や学会誌などの研究成果・文献や日本からの留学生や研究者・教育者などの家政学関係者を通して，主に「吸収」による家政学の国際化は進められてきた．

しかし，1984年に刊行された『家政学将来構想 1984』の「家政学の国際交流について」の項において「交流の相手国については，欧米先進国のみでなく，アジア地区の連帯が必要であるとする意見が多い．欧米指向型の国際交流だけでなく開発途上国や低開発国との間でも情報交換すべきである．先進国からよい点を学び，発展途上国には先進国のひずみを知らせ，その轍を踏まぬように，21世

紀へ向けての進むべき方向の示唆を得るなど，家政学が人間の生活に直結する学問として，国内における結集はもとより，国際交流を一層活発に行って連帯を深め，国際社会における生活の充実，向上，発展に寄与することを強く希望している」と記されていることから，家政学の国際化においては「吸収」のみならず「供出」を進めようとしていることは明らかである．さらに，家政学の国際化を個別的だけではなく学会・関連団体などにより組織的に行うことの必要性を示唆しているように思われるが，すでに家政学会は1960年に国際家政学会に加入し，さらに1983年にはアジア地区家政学会は日本が指導的な役割を果たして設立されており，家政学の国際化を学会として推進しているといえる．

b．国際学会における活動
1）国際家政学会

国際家政学会（International Federation for Home Economics，以下 IFHE）は，1908年にスイスのフライブルグにて家政学に関する国際会議が開催されたことに始まる組織であり家政学を通して人類の福祉を実現するために活動している唯一の国際機関であって，会員は現在，家政学関連の団体会員（116ヶ国，160団体）と個人会員（約1,000名）からなる．日本からの初めての会員は1960年からの家政学会であり，現在，4団体会員および約100名の個人会員が加入している．

1908年の第1回世界大会以後，表6.1にみるように，当初は5年，2回の世界大戦時には7〜10年の間隔で主にヨーロッパ諸国にて世界大会を開催していたが，1968年の第10回大会以降は4年ごとに世界大会，2年ごとに評議員会を世界各地において開催している．日本への世界大会および評議員会開催の要請は非公式にたびたび行われてきたが，1996年の第18回タイ大会のときの家政学会によるプレ・コングレスおよび日本家庭科教育学会によるポスト・コングレスを主催しているのみであった．しかし2000年の第19回ガーナ大会において次期の第20回大会（2004年）を京都大会として開催することが決定されている．

さて，日本の家政学者による最初の世界大会への参加は1953年の第8回エジンバラ大会，成田 順と松平友子が出席した[7]．それ以降の世界大会には必ず日本から参加しており，1976年のオタワ大会以降の参加者は全参加者の1割前後

表 6.1 国際家政学会世界大会テーマ・開催地等一覧

No.	開催年	開催地	テーマ	参加国	参加者数（日本人）
I	1908	フライブルグ（スイス）	The Training of Home Economics Teachers: Necessity of Involving the Greatest Number of Girls in Home Economics Education	20	750
II	1913	ガン（ベルギー）	Home Economics in Elementary and Intermediate Schools and for Adult	27	600
III	1922	パリ（フランス）	Methods of Town and Rural Home Management Teaching	35	2,000
IV	1927	ローマ（イタリア）	Role of Home Economics from the Social Standpoint. Tailorism in the Organization of House Work	34	1,500
V	1934	ベルリン（ドイツ）	Home Management Teaching Must Use All Sciences and Requires a Rational Organization of Domestic Work	23	900
VI	1939	コペンハーゲン（デンマーク）	Restoration or Conservation of the Intellectual, Moral, Social and Economic Inheritance of Countries by Women's Education	24	400
VII	1949	ストックホルム（スウェーデン）	Adaptation of Home Economics Teaching Methods to the Psychological Development of Young People	22	700
VIII	1953	エジンバラ（イギリス）	Home Economics at the Service of Life: Its Contribution to Individual and Social Progress	55	1,250(2)
IX	1958	メリーランド（アメリカ）	Education in Home Economics Relatives to the Social and Economic Conditions of the Various Countries	60	1,041(5)
X	1963	パリ（フランス）	Home Economics Education to Meet Changing World Conditions and Needs: In Preserving the Inherent Values of Family Life: In Serving the Wider Society	52	2,000(12)
XI	1968	ブリストル（イギリス）	Home Economics in the Service of International Cooperation: Sociological, Scientific and Economic, Educational	62	1,100(15)
XII	1972	ヘルシンキ（フィンランド）	Home Economics, a Vital Force	43	1,000(54)
XIII	1976	オタワ（カナダ）	〈Life, not Just Survival〉 Home Economics and the Utilization of the World's Resources	53	1,000(100)
XIV	1980	マニラ（フィリピン）	Home Economics, a Responsible Partner in Development	54	1,400(98)
XV	1984	オスロ（ノルウェー）	Technology and Its Effects on Living Conditions	55	1,000(95)
XVI	1988	ミネアポリス（アメリカ）	Health for All: the Role of Home Economics	89	1,450(150)
XVII	1992	ハノーバー（ドイツ）	Focussing on Households and Families: Change and Exchange	55	1,450(142)
XVIII	1996	バンコク（タイ）	Living Conditions* A Global Responsibility: The Role of Home Economics	50	1,300(125)
XIX	2000	アクラ（ガーナ）	A New Century: Focus on the Future: The Expanding Role of Home Economics	42	450(56)
XX	2004	京都（日本）	Cooperation and Interdependence: Fostering Leadership in Home Economics for Healthy Communities		

または約100名，2000年のガーナ大会には全参加者約450名，日本から約60名であった．

IFHE活動は，①世界大会と評議員会の開催　②機関誌『IFHE Bulletin』の年3回の発行　③プログラム委員会の活動　④World Home Economics Day（3月21日）での家政学普及活動　⑤国際連合とその関連機関（UNESCO, FAO, ECOSOCなど）やヨーロッパ連合（EU）での国際非政府機関（INGO）としての活動である．

世界大会や評議員会では，活動方針の決定，会員の交流と情報交換などを行う．プログラム委員会は1980年のマニラ大会での評議員会決定により発足，世界大会に向けての会員の研究活動を推進・奨励するための組織で，4年を1期として活動する．各種プログラム委員会の設置の呼びかけは複数会員からの要求や理事会からの提案により行われるが，委員会が実際に発足するためには世界大会終了後の委員募集に応募する会員がいなければならず，提案されても成立しない委員会もある．委員会には，リサーチ委員会（個人会員による世界大会での研究発表を行うための準備を行う），研究内容に関する委員会（例 Food Security/Nutrition, Home Economics Policies in Education and Training, Women and Family in Development），研究環境整備に関する委員会（例 Outreach to Central and Eastern European Countries），および国連関係委員会がある．国連関係委員会では，家政学を通して世界規模での人類の福祉を実現するため，非政府機関（NGO）として国連本部，UNESCO, FAO, ECOSOCなどの国連機関，ヨーロッパ連合（EU）に代表を送り，家政学の立場から活動している．近年では，1994年の「国際家族年」の制定および活動に積極的にかかわったが，日本家政学会はその活動が評価され国連社会開発人権センターから表彰された．また1995年の「第4回世界女性会議北京大会」ではNGO大会でのIFHEフォーラムを開催したうえに政府間会議のオブザーバーとしてロビー活動を行ったが，日本もフォーラムに主導的な立場で参加したり，伊藤セツがオブザーバーとして政府間会議にて活躍した．さらに，1999年の「国際高齢者年」については，1998年のプエルトリコ評議員会大会で採択したIFHE決議を，家政学会は国際交流委員会の企画による「国際高齢者年セミナー」において，実行した．

IFHE事務局は1908〜1954年がスイス政府，1955〜1995年がフランス政府か

ら財政的支援を受け専従職員を雇用し運営されてきたが，それ以降は自主財源で運営している．1994年のシェフィールド評議員会で検討された再建策としてヨーロッパ・アフリカ・アジア・パシフィック・アメリカそれぞれの地区会での研究活動の活発化，英語の公用語化，役員会の規模の縮小化，事務局の2001年からの移転（ドイツ・ボン）などがある[8]．現在の役員会は，任期4年の会長，財務担当，副会長および理事5名ずつ（各地区担当1名ずつ），任期2年の前会長または次期会長からなる．日本からの役員としては，1970〜1974年の副会長に山本松代，1984〜1988年の理事および1988〜1992年の副会長に松島千代野，1996〜2000年の理事および2000〜2004年の副会長に澤井セイ子らが選任されている．

これより，日本の家政学における国際化は，IFHEでの活動においても，主に「吸収」により行われているといえよう．しかし近年は「供出」も多くなって，世界大会での研究発表件数の増加や国連関係のIFHE活動への参加が顕著となっている．特に，2004年の第20回世界大会の京都での開催は典型的な「供出」であり，家政学における国際化の方向性に大きな影響を与えることになると推察される．

2） アジア地区家政学会

アジア地区家政学会（The Asian Regional Association for Home Economics, 以下ARAHE）は，1983年に家政学会主催の第1回アジア地区家政学セミナーにおいて，韓国・フィリピン・タイ・シンガポール・マレーシア・インド・香港・インドネシア・スリランカおよび日本の10ヶ国から約250名が参加し，アジア地区独自のIFHEの下部組織として創設された[9,10]．

ARAHE大会は表6.2にみるように，1985年の第3回ソウル大会以降1年おきに開催されている．いずれの大会でもテーマにかかわる基調講演や各国からの報告とともに，会員の研究発表を行っている．ARAHEの特徴のひとつはIFHEよりも個々の会員の研究活動を重視していることであり，1991年には学会誌『Journal of ARAHE』が大韓家政学会の主導により創刊された．一時，費用負担の問題で発行が中断されていたが，1997年ソウル大会にて開催国が次の2年間の学会誌発行費用を負担することや編集・査読の方式などが決まり学会誌発行が継続的・定期的に行えるようになった．具体的には1997〜1998年は韓国，

表 6.2 アジア地区家政学会テーマ・開催地等一覧

No.	開催年	開催地	テーマ	参加国	参加者数
I	1983	埼玉県嵐山（日本）	設立総会：アジア地区家政学会会則の制定・会長の推薦など	10	250
II	1984	オスロ（ノルウェー）	国際家政学会世界大会でのアジア地区家政学会：新旧アジア地区副会長の挨拶・評議員会の報告、各国代表の活動報告	10	180
III	1985	ソウル（韓国）	Home Economics: Toward the Year 2000	7	280
IV	1987	バンコク（タイ）	Careers for Home Economics	9	160
V	1989	シンガポール	Home Economics A Catalyst for Change	10	220
VI	1991	香港	Information Technology: Development toward Innovation	11	230
VII	1993	クアラルンプール（マレーシア）	Family and Environment: An Investment for the Future	10	210
VIII	1995	ジャカルタ（インドネシア）	Family and Education: An Effort to Improve the Quality of Human Resource for National Development	8	170
IX	1997	ソウル（韓国）	New Paradigm of Home Economics	14	342
X	1999	横浜（日本）	What is Quality of Life?: Innovations, Traditions …	16	490
XI	2001	台北（台湾）	Creating a New Era of Family		

1999〜2000年は日本，2001〜2002年は台湾が費用負担することになっている．しかしアジア地区は物的な生活の豊かさを享受している国々と貧困の中で最低限度の生活を日々営むという国々を含んでいるため学会誌発行費用負担のみならず会費納入や大会参加費用の自己負担もむずかしい国々もみられ，経済的な問題がARAHE運営に影響を与えることになる．その経済的な問題の解消は，各国の生活向上に貢献できるように家政学を発展させることである．そのためにも，経済的な支援を行える国は，積極的に経済的に支援して，各国からの大会への参加を奨励していかねばならないように思われる．

ARAHEにおける日本の活動を家政学における国際化の視点からみるならば，それは外国への「供出」である．それらは，家政学会が1983年のARAHE創立総会を主催したこと，その会則案を準備したこと，IFHEの会長や事務局長はじめ参加国の代表者を招聘したこと，初代会長に松島千代野が選出されたこと，各国の要請によりその学会の組織化・活発化のための支援を提供したことなどである．

c．今後の課題

家政学における国際化は，主に研究者・関係者個人による個別的あるいは学会などの組織的な「吸収（take）」・「供出（give）」により進められる．明治期以来，個別的にも組織的にも「吸収」が主流であったが，1983年のARAHE創立における活動および2004年の第20回IFHE世界大会の京都での開催は主に組織的な「供出」の結果であり，家政学の国際化が着実に進んでいることを示唆している．

しかし組織的な「供出」は，例えば山本や松島のIFHE大会での講演や理事や副会長としての活躍というような公的な組織での個別的な積極的かかわりがあったことから実現したのであるが，それ以降，研究者間の私的・個人的な交流は増大しているにもかかわらず，研究者個人としての公的・個別的なかかわりはほとんどみられない．しかしARAHEの1999〜2003年期の財政担当役員として渋川祥子が選出されており，今後はさらに多くの研究者・関係者が国際交流におけるリーダーとしてかかわっていくことになるだろう．そのような研究者個人としての公的・個別的なかかわりが家政学の「吸収」および「供出」の両視点からの

国際化を進め，家政学を学問として発展させていくことになると思われる．

今後の課題は，研究者としての公的・個別的なかかわりを積極的に進めること，例えば，IFHE の活動における国連関係や家庭科教育関係，リサーチ関係，研究環境整備関係など各種プログラム委員会への参加を奨励したり，国内外出身の家政学専攻者のみを対象とする奨学金を伴う留学制度を設置したりすることなどであるといえる．

6.2 日本学術会議での活動

日本学術会議（以下，学術会議）に参加を許されている学問分野は，日本の学問界において一個の独立した学問として認められたことを意味する．したがって，日本家政学会（以下，家政学会）は，1949 年の学会設立以来，学術会議の認める学術研究団体となって学術会議へ会員を送ることを切望してきた．そして，学会設立から 35 年後の 1984 年に，家政学は第 6 部門の農学の一分科となることが許可され，学術会議に家政学研究連絡委員会（以下，家研連）の設置を実現させ，第 13 期（1985 年 7 月～1988 年 7 月）から学術会議における活動を始めた．

ここでは，最初に，学術会議の活動の概略を紹介し，次に学術会議における家研連の活動について述べる[1~3]．

a．日本学術会議の活動

学術会議は 1949 年に内閣総理大臣所轄の特別機関として設立された日本の科学者代表の組織，すなわち全学問領域を網羅する科学者の連絡機関である．その目的は科学の向上をはかりその成果を行政・産業・国民生活に社会的還元を行うことであり，「勧告」や「声明」の形で公表される決議は拘束性はもたないものの，日本の全科学者の代表意見であって無視できない影響を与えると同時に，日本の学問研究の水準を高め，その成果を国際的に役立てることで貢献している．

学術会議の構成は伝統的学問分野に則った 4 年制大学の学部を基準として文学系・法学系・経済学系・理学系・工学系・農学系・医学系の 7 部からなっており，家政学は第 6 部の農学系の一分科として農芸化学，農業経済学，水産学，蚕

糸学などとともに位置づけられている．その会員は内閣総理大臣により任命されるが，現在，会員数210名，そのうち30名が第6部の代表，うち1名が家研連から推薦されて学術会議会員となる．会員の任期は3年，2000年7月からは第17期が始まった．

各期の会議では，科学に関する重要事項について会員の科学的知見を結集して審議しその実現をはかったり，将来を見通しながら時代の要請に対応できるよう学術研究の連絡を行ってその能率を向上させたりするため，政府の諮問に対する科学者の意見の答申をはじめ，学術会議独自の意思表明や重点目標・課題の決定，科学者の倫理と社会的責任と地位の向上に関することや学術情報・資料に関することや国際学術交流・協力に関することなど各種常置委員会の活動，必要に応じての特別委員会の活動などを行っている．

b. 家政学研究連絡委員会の活動

家政学会は関連諸学会とともに家研連を組織し，関連する学術研究領域や重要課題について学術の動向を把握したり将来計画の立案と研究条件の整備などについて検討したりすることを主たる任務として活動している．家研連には，現在，日本家政学会，日本繊維製品消費科学会，日本調理学会，日本家庭科教育学会，日本保育学会，国際服飾学会，日本服飾学会，日本消費者教育学会，生活経済学会，日本衣服学会が所属し，10名の委員からなる．この中から1名が学術会議会員になるが，これまでの家研連からの学術会議会員は最多数の会員を擁する家政学会から推薦されている．

これまでの家研連の活動は必要に応じ委員会を開催して活発に行われているが，第13期には「家政学における大学設置基準見直し（報告）」，「日韓家政学セミナー後援」，第14期には「家政学における大学教育充実のための指針（報告）」，「家政学国際交流セミナー '89開催」，「シンポジウム・農村の子どもを取り巻く生活環境の開催（農村計画学連と共催）」，第15期には「家政学将来構想1994（報告）」，「学術会議主催公開講演会・女性科学者に期待する」，「女性科学者の環境整備の緊急性についての提言」，「日韓家政学シンポジウム後援」，「国際家族年をめぐるシンポジウム及び特別講演会後援」，第16期には「現代における家族の問題と家族に関する教育（報告）」，「シンポジウム・子どもと家族」，第

17期には「講演とパネルディスカッション・現代生活のひずみを探る―その解決の糸口を求めて―」,「第10回 ARAHE 大会後援」などである.

これらの活動の中には,「家政学における大学設置基準見直し(第13期)」や「家政学における大学教育充実のための指針(第14期)」,さらに「現代における家族の問題と家族に関する教育(第16期)」のように,家政学会の活動方針に大きく影響した活動もみられる.例えば,「家政学における大学教育充実のための指針」は,家政学の変容に対応した領域,学科および講座または学科目,すなわち新しい家政学の動向をふまえて家政学系共通専門教育科目や領域別学科および講座または学科目を新たに再編して,未来志向の家政学教育を行うための新たな指針を示している.このように家研連の対外報告として公表されることは学術会議において承認されていることを意味しており,その信頼性は高く家政学の発展に寄与することになるのは明らかである.

c. 今後の課題

家政学が一個の独立した学問領域として学術会議に参加できるようになったのは,会員選出方法を含む学術会議法の改正以後の1984年からであり,第13期から第6部の農学の一分科として本格的に学術活動を行っている.その活動には学術会議会員としての活動と関連諸学会の研究連絡委員会としての活動がある.いずれも家政学の発展を目ざして着実に活動してきている.

しかし,家政学の学術会議への加入に際して,家政学が農学の一分科として位置づくことについて家政学会内にも異論があったことを考えるならば,農学の一分科としての家政学の位置づけについて再検討することが今後の課題となろう.

〔澤井セイ子〕

6.3 家政学と消費者教育

a. 家政学における消費者教育の位置づけ
1) 家政学と消費者教育のかかわり

消費者教育は,家政学の本質理念とその教育実践の担い手として位置づけられる.つまり,学問としての家政学の目的と方法を最も端的に具体化するのが消費

者教育であるといえる[1]．また，わが国とアメリカでは家政学成立の事情や歴史的背景は異なるものの，アメリカでは家政学が消費者教育と密接な関係をもって発達してきた経緯がある[1]．わが国においても，これからの社会・経済的変化に対応した家政学研究の方向性と社会的貢献を考えるとき，家政学と消費者教育はさらに密接な連携をもった研究が必要となろう．

　本節では，「社会と家政学」というテーマにおいて，家政学と消費者教育とのかかわりから，これからの社会に対する家政学の方向性と社会的貢献の可能性について提示したいと考えている．「社会と家政学」との関係は，社会・経済的変化に対応する家政学という意味と，社会に貢献する家政学という意味でとらえた．周知のように，わが国の家政学の大きな課題のひとつは，後者の社会的貢献であり，これは家政学の有効性を社会にPRすることでもある．さらに，要求されているのは，実際的な目に見える形での行動である．例えば，政策や教育内容の立案から実施までの過程のそれぞれの段階に家政学者がかかわるということである．家政学がどのような社会的使命をもち，社会的貢献ができるかの全体像をここで論議することはしないが，消費者教育は家政学の成果を社会に生かす有効で具体的な手段であることを再認識し，位置づけていくことがこれからの家政学にとって必要と考える．

　しかし，これまで述べてきたような家政学と消費者教育のかかわりの認識は，残念ながら浸透しているとはいいがたい．そこで，まず，家政学における消費者教育の位置づけを検討し，次に，これからの社会の変化をふまえ家政学の教育的実践の担い手としての消費者教育の課題を提示することにした．

　ところで，消費者教育という研究領域は，家政学だけでなく商品学，経済学，法学，教育学をはじめ多くの学問との連携があり，さらには，消費者教育学として独自の理論体系をもつ独立した研究領域である．1981年に日本消費者教育学会が創立され，その後学会誌である『消費者教育』が刊行されている．したがって，勝手に家政学から消費者教育学の性格づけや研究の方向性を決定することはできない．しかし，既存の多くの学問を統合するという複合領域としての性格は，その発展の歴史に家政学と類似の問題を内包している．つまり，端的にいえば，独自性の問題に帰結するが，連携する学問とのかかわりをどのように考えるかということである．これはとりもなおさず，消費者教育学独自の研究業績があ

るかということであり，つまりは消費者教育学の理念が実際の研究に反映されているかということである．家政学でいえば「家政学らしい研究とは何か」で長年悩んできた問題である．家政学のテーマと家政学にかかわるテーマは違う．例えば，食品あるいは家族にかかわるテーマを設定したとしても，それだけで家政学の研究とはいえない．家政学の理念にどう位置づけられるテーマであるかが明確になっていなければならないからである．そのためには，「家政学とは何か」が明確になっていることが前提になる．同様に，消費者教育学を取り上げるには，「消費者教育学とは何か」を明らかにする必要がある．

　一方，家政学における消費者教育の研究と消費者教育学のそれとは，どのような関係になるかは現時点では区別がむずかしい問題である．家政学会の業績とするのか消費者教育学の業績とするのかである．さらに，家庭科教育における消費者教育の研究もある．消費者教育学自体，まだ新しい研究領域であるため，この問題は，消費者教育学がさらに発展を遂げ，消費者教育学者が出たときに解答がなされると期待する．重要な問題を曖昧にするのは本意ではないが，本節では問題提起にとどめ，家政学あるいは家政学者による消費者教育の研究を対象として論じることにする．消費者教育および消費者教育学を論じるのでなく，家政学における消費者教育研究に焦点を当てるということである．しかしながら，家政学における消費者教育の研究はその理念や方法は「消費者教育学」によっており，一方で消費者教育学会の活動には家政学関係者が中心的役割を果たしてきた．

　そこで，まず，消費者教育学における考え方を「消費者教育とは何か」の共通理解として紹介し，次に，この理解のもとに家政学における消費者教育の研究を概観する．この作業によって，家政学と消費者教育のかかわりと今後の課題を提示したいと考える．

2） 消費者教育とは

　「消費者教育」の定義は，消費者教育を取り上げる学問によって，消費者教育を実施する機関によって，また国によって，産業化の進展によっても異なり，それぞれの立場から数多くの議論がなされてきている．わが国では，基本的にアメリカの消費者教育を土台にした考察が多いが，学会としての共通理解が『消費者教育10のＱ＆Ａ』として示され[*1]，「Ｑ１．消費者教育とは何ですか」には消費者教育の本質が次のように記されている．

本質的には，消費者教育は，消費者が各自の生活の価値観，理念（生き方）を個人的にも社会的にも責任が負える形で選び，枠組みし，経済社会の仕組みや商品・サービスについての知識・情報を理解し，批判的思考を働かせながら合目的的に意思決定し，個人的，社会的に責任が持てるライフスタイルを形成し，個人として，また，社会の構成員として自己実現していく能力を開発するものである[2]．

また，「Q4．消費者教育の目的」には，「消費者教育の究極的な目的は，すべての人々を，個人としても社会の一員としても，自立した消費者として育成することであり，それによって個人及び社会の質の高いライフスタイルを実現すること」[2] であり，単なる消費者情報や消費者啓発ではなく，消費者問題を解決する直接的な能力の育成であることが示されている．これらの見解から，消費者教育の最終的な目的は，自己実現を可能にするライフスタイルを形成する能力を育成することにあるということがわかる．そのためには，個人としてだけでなく社会の構成員としても，自己の責任においてどのような生き方をしたいかを意思決定し，その生き方に見合う生活の価値を実現するために，経済社会の仕組みや生活に必要な知識，技術を習得する必要があるということである．さらに，現状の社会や生活の仕組みをそのまま受け入れるのでなく，生活の価値に反する状況に対する批判的思考や仕組み自体をつくりかえる能力もライフスタイルを形成する能力に含まれている．言い換えれば，ライフスタイルの形成とその実現に必要な生活環境をつくりだす生活環境醸成能力の育成ということである[*2]．「だまされない消費者」や「賢く買う消費者」を目ざすのでなく，その本質は，価値および生き方の選択とライフスタイルの形成に至る意思決定の過程の教育であり，人生の各段階で適切な教育が準備されるべき生涯教育であるといえる[2]．

しかし，このような消費者教育の理念が導入当初から認識されていたわけではない．初期の消費者教育は，「買い物教育」であり，品質のよい商品をいかに上手に購入するかの「買い物上手」を目ざすことから始まった．当時の消費者という意味は，生産者に対置する「買い手」であり，消費の担い手という概念にとどまっている．その時代を経て，消費者が単なる「買い手」ではなく，自分や家族の生活を担う生活者としての拡がり，さらには，社会にも影響力をもつ市民としての拡がり，そして，今日では環境への影響を視野に入れた消費者の概念[*3]が

設定されている．このような消費者の概念の拡がりは，消費者というよりは人間としての人格そのものといっても過言ではないほどである[3]．これからの消費者教育が全人的教育として進んでいく方向性がうかがわれる．

このような消費者教育の推移は，個人の消費が単なる経済循環の一要素でなく，一人の人間の全人格の表現であることの認識[3]が，産業化の進展の中で生じてきたことによる．消費が生活や社会を動かす中枢であり，消費によって生活や社会が変わるということである．したがって，生活の向上や社会の変革は消費のあり方を変えることによって可能になり，消費の主体である消費者としてのあり方がすべての鍵を握るということになる．消費のあり方，消費者のあり方が生活環境を醸成することになる．このような消費者教育の変化を促した社会・経済的背景について，ここではふれないが，アメリカとわが国の消費者教育の歴史を概観することでみえてくるはずである．

以上の消費者教育の考え方をふまえ，次に家政学における消費者教育研究の現状をみてみる．

3） 家政学と消費者教育研究

(1) 家政学における消費者教育研究の現状 家政学における消費者教育研究がどのようになされてきたか[*4]を，文献検索によってみた．使用したデータは国立情報学研究所の文献検索（NACSIS-IR）の家政学部門に収められているものである．NACSIS-IRには1948年以来の文献がインプットされており，また，キーワードで検索が可能である．もちろん，この方法では家政学における消費者教育研究の収集はすべてとはいえず，また，家政学の文献と判断してよいか疑問なものもあるが，少なくとも学会誌に掲載された業績を把握することはできる．まず，「消費者教育」というキーワードでヒットした文献の年代別リスト（1948～1998年）を作成した．しかしながら，現物を確認したところインプットの誤りもあったのでリストを修正のうえ，掲載誌により家政学，家庭科教育，消費者教育学の文献に分類して集計した（表6.3）．

家政学において消費者教育というキーワードをもつ文献は40編（1998年現在）あり，1970年代からあらわれているが，家政学会誌に報文として掲載された論文は1990年代の1編のみである．それ以外の文献は，『家庭経営学部会報（現在は生活経営学研究）』，『家政学原論部会会報』にそれぞれ1編，業界誌の数

6.3 家政学と消費者教育

表6.3 消費者教育学研究の動向（1948～1998年）

領域	掲載誌	1960	1970	1980	1990	計
家政学	学会誌	0	0	0	3(2)*4	3(2)
	家政系大学紀要	0	4	12	10	26
	その他*1	0	4	2	5	11
	小計	0	8	14	182	40(2)
家庭科教育	学会誌	0	8(2)*4	6	15*5	29(2)
	教育学系大学紀要	0	6	6	20	32
	教科教育関係*2	1	16〔6〕	33〔24〕	61〔55〕	111〔85〕
	小計	1	30	45	96	172
消費者教育学	学会誌	—	—	102*6	187*6	289
	学会会報	—	—	14	28	42
	その他*3	3[3]*6	3[2]	15[8]	8[4]	29[17]
	小計	3	3	131	223	360
	計	4	41(2)	190	337(2)	572

国立情報学研究所（NACSIS-IR）の家政学部門を「消費者教育」で検索した文献を一部修正し作成．2000年7月現在（1948～1998年の文献所収）
*1「洗たくの科学」，「衣生活」，「家庭科学」，「家政学原論部会会報」，「家庭経営学部会報」
*2「家庭科教育」，「家庭科研究」，「教科の研究」など．〔　〕内「家庭科教育」
*3「国民生活研究」，「国民生活」，「ジュリスト」，「商品研究」，「都市問題研究」，「日本消費経済学年報」など．[　]内「国民生活研究」
*4（　）内報文に含まれない解説など
*5文献5)の近藤恵氏の分析対象で消費者教育文献としてカウントされているのは，このうち1993年までの10編である．
*6文献7)の今村光章氏の分析対象は，このうち1980年代93編，1990年代93編である．

編以外は家政系短大・大学の紀要に掲載されている．

　家政学，家庭科教育，消費者教育学ともに年代を経るにしたがって消費者教育をキーワードとした文献が増えていくが，1990年代に急増している．家庭科教育では，学会誌掲載論文は，70年代，80年代に6編，90年代に15編あり，それ以外は，『家庭科教育』（家政教育社発行）に掲載されたものがほとんどで，ほかは教育大系大学の紀要である．消費者教育学は，消費者教育学会創立（1981年）以降の文献になるため，80年代から始まり，当然のことながら文献数は多く，学会誌掲載数も3者の中で最も多い．ほかは，消費者教育学会の会報に掲載された文献である．

内容的にみると厳密には区別できないが，家政学では，被服，食物，住居，家庭経済の分野で商品やサービスの購入の際に必要な知識および消費者問題への対応について論じたものが最も多く10編，次いで消費者教育の理論や家政学，家庭経営学とのかかわりなど消費者教育の位置づけを論じたものが7編，家庭科教育における消費者教育の考え方や内容について論じたものが6編（うち調査2編），学生や主婦，母親，幼児を対象とした消費者の意識や行動の実態調査から消費者教育の課題を論じたものが5編，ほかは，国内外の消費者教育の動向や会議の報告をまとめたものである．家庭科教育，消費者教育学については後述する．

3者を比較して，家政学，特に学会誌に掲載された業績が，家庭科教育や消費者教育学とくらべて少ないことに気づくが，これは学校教育および教育実践にかかわるテーマは家庭科教育学会に，消費者教育とタイトルにつく論文は消費者教育学会にと暗黙の棲み分けができているように考えられる．アメリカにおいても同様の傾向があり，学会誌には消費者教育（consumer education）とタイトルがついた論文・記事は，アメリカ家政学会創立の1908年から80年間の総寄稿数961編のうち30編に満たない．しかしながら，さすがに消費者教育とタイトルのつかない論文も，内容をみると消費者教育関係のものが多く，家政学と消費者教育が密接に関係して発展してきたことがわかるとの分析がなされている[1,4]．また，実践の方法論の研究や実践は，消費者団体や政府機関の消費者教育関連機関が担当しているが，これらの企画や運営には家政学者が多くかかわっており，家政学の教育・研究が消費者教育に大きな貢献をしていることが報告されている[*5]．

残念ながら，家政学に分類した文献だけで家政学における消費者教育の研究を論じるには文献数が少ないため，家庭科教育および消費者教育学における研究も合わせて概観してみる．

(2) **家庭科教育における消費者教育研究の動向**　家庭科教育における消費者教育の動向を学会誌掲載論文を用いて分析した研究から次のような知見が出されている[5]．対象とした論文は，1960年の創刊号から1993年（第36巻第3号）までに学会誌に掲載された「消費者教育関連文献」40編であり，そのうちタイトルに消費者教育という用語が明示された「消費者教育文献」は22編あった．

この40編について，年代別，領域別に内容を分析している．その結果，第1に，年代が進むにつれて消費者教育関連論文の数は増加している．第2に，研究領域別の時系列推移でみると，初期の頃は教材研究の実践的な内容が多かったが，1980年頃から，児童，生徒，学生の実態をとらえる研究が増加した．1990年代はそれに加え消費者教育の理念や体系，あるいは史的研究などの教育実践のための基礎的な領域および内容構成とその展開に関する方法論の研究が大半を占めるようになっている．第3に，このような研究領域の動向に応じて，1980年代頃から質問紙法による調査が増加し，1990年代にはそれに加えて，文献研究が多くなってきている(表6.4)．第4に，家庭科教育の領域別の時系列推移でみると，初期の頃には，衣，食の個別領域における消費者問題について取り上げる研究が多かったが，1990年代に入ると家庭廃棄物問題や省エネルギー問題を中心とした住居領域からのアプローチによる環境問題や，1989年告示の学習指導要

表6.4 家庭科教育における消費者教育研究の年代別研究領域分析

消費者教育研究の領域 \ 研究の方法	1960年			1970年			1980年			1990年		
	文献	調査	実験	文献	調査	実験	文献	調査	実験	文献	調査	実験
(1) 消費者教育実践基礎論の領域												
原論に関する研究										3		
体系に関する研究										1		
史的研究							1					
(2) 内容構成とその展開に関する方法論												
目標構造に関する研究										2		
教育内容構造に関する研究				1								
教育方法論に関する研究							1					
(3) 教育実践研究の領域												
授業分析の研究							1					1
教材研究			1	3	2		1				1	
(4) 全領域に関する領域												
学習の実態に関する研究	2						6			10		
家庭科教師の実態に関する研究							1			1		
PTAなど周囲の教育環境に関する研究							1					
計	3			6			12			19		

近藤 恵：家庭科教育における消費者教育研究の動向，日本家庭科教育学学誌，**38**(1), 1995 より作成．

領との関係で商品やサービスの利用，特殊販売，クレジット，ローンへの対応が要求されたため「家庭生活」，「総合」領域にわたる研究が増えている．さらに，個別領域を越えて全領域を横断的にとらえる生活経営学的な志向性や日本における消費者教育の体系化を試みる動きがみられるなど質的な変容が進んでいることが報告されている．

しかし，家庭科教育においても，教師自身が消費者教育を購入の技術としてとらえている傾向と消費者教育とは何かの理念の不在が指摘されている．この点については，家庭科教育における消費者教育の考え方として，消費者はすべての生活者であり，消費者教育は「健康」を鍵概念とした健全な生活を営むための教育と規定する見解がある．家庭科教育における消費者教育は，市場における経済活動に重点を置く「エコノミカルな消費者教育」を内包するものの，経済学的視点より生態学的・環境調和的視点を優先し，消費生活を問い直す「エコロジカルな」消費者教育であるとする考え方が提起されている[6]．この考え方が家庭科教育においてどの程度浸透していくかは今後の課題であるが，家庭科教育においても消費者教育とのかかわりおよび消費者教育学とのかかわりをどのように考えるかは大きな課題となっている*6．

(3) 消費者教育学における消費者教育研究の動向　消費者教育学についても学会誌分析の予備研究があるので紹介しておく[7]．消費者教育学会の学会誌である『消費者教育』は，1983年に第1冊が創刊されているが，分析の対象となっているのは1997年までの17冊に掲載された依頼論文，報文，研究ノートに該当する186編である．

その結果をまとめると，第1に，執筆者が限られており，大学の所属する研究者に偏っていることが指摘されている．消費者教育は，企業，行政，学校，家庭など多くの場と関連しているにもかかわらず，執筆者の94%以上が学校教員や大学・研究所に所属する研究者であった．第2に，内容的には，事例紹介研究，調査研究，理念研究の3つに分類すれば，調査研究が最も多く，外国比較研究，教育方法，評価，衣食住各論，教科別各論で調査が行われている．また，原理的研究の希薄さもあらわれている．第3に，「消費者教育」というタイトルがついていない論文が187編中71編（38%）存在し，消費者教育とは関連が薄い論文も含まれていることから，学問的アイデンティティーが希薄であるのではないか

との指摘もある．また，消費者保護論や家政学などの文献で，消費者教育研究者以外から消費者教育について述べられた論文は，「その理解に著しい違いが見受けられるということがある．学問分野として独立した領域とするならば，その自立性を確保する議論が必要であろう」[7]との家政学にとっても消費者教育学にとっても耳の痛い指摘である．

以上の家政学，家庭科教育，消費者教育学における消費者教育の研究動向をふまえ，どのような理念のもとに消費者教育研究がなされているかの傾向を次にまとめてみた．特に，家政学における研究の視点からの問題点を指摘しておく．

第1に，消費者教育のいう消費者とは，「買い手」の枠を出ていない，また，消費生活と消費者教育の混同もみられる．これらは消費者教育とは何かの認識が，研究者それぞれに異なり，特に「買い手教育」としか位置づけていない傾向や，消費や消費者にかかわる研究はすべからく消費者教育となるとの誤解があるようである．ちなみに，文献検索のキーワードを「消費者」とすると，家政学関連では1,300件近い文献がリストアップされた．すべての内容を確認できたわけではないが，そのほとんどは消費者を生産者と対置する「買い手」として考えられている．つまり消費者教育というよりは経済学や商学に近い研究といえるかもしれない．

第2に，実態の把握や調査の結果が消費者教育とどのようにつながっていくのかの視点と考察が薄い．実態の分析が調査のための調査に終わり，教育の視点から降りてくる調査の枠組みがみられない．もちろん，調査による実態の把握やあるいは文献研究，実験の結果を消費者教育のための基礎的なデータととらえることもできる．つまり，家政学は消費者教育のための基礎的な研究を提供するということである．しかし，消費者教育の基礎研究というのは単に最新の知識を提供するということではなく，消費者教育の内容や方法の根拠を提供することではないかと考える．したがって，消費者教育をどのように認識し，消費者教育に何が必要かの枠組みから生じる基礎研究が要求されるのではないだろうか．また，「買い手」としての消費者というとらえ方だけでなく，生活を担う消費者，市民としての消費者，あるいは質の高いライフスタイルを実現する消費者，社会参加し生活環境を醸成する消費者といった概念の拡がりを認識することによって，消費者知識の内容や行動の分析の視点が，それ以前に調査や研究の枠組み自体が違

ってくるのではないだろうか．さらにいえば，消費者知識の提供と消費者行動の分析を生かすためのまさに基礎となる消費者としての発達の研究が少ないのではないか．教育という段階，特に生涯教育としての消費者教育研究には発達的な視点が不可欠である．いうならば，基礎と実践をつなぐパイプとしての発達の研究が位置づけられる必要がある．

第3に，教育といいながら実践の方法論に関する研究がなされていない．研究としての消費者教育はあるが，教育としての消費者教育をテーマとした研究はみあたらない．しかし，家政学が消費者教育のすべてを受けもつのかの論議もあろう．他の学問との棲み分けをどのように考えるのかである．つまりは，家政学における消費者教育の位置づけの問題であるが，それによって上記にあげてきた傾向の解釈の仕方と今後の課題とするかどうかが違ってくる．

(4) **消費者教育の課題と今後の動向**　文献収集の制限はあるが，学会誌を中心に家政学，家庭科教育学，消費者教育学における消費者教育の研究動向を概観してきた．わが国において，消費者教育思想は，1940年から1950年代にかけて導入されているが，一般的な理解としては1960年代に産業界主導で始まり，1981年の日本消費者教育学会の創立以降，独立した研究領域として成立してきたとされる．消費者教育の概念，目的も初期の「買い物上手」の消費者の教育から全人的存在としての消費者の教育へと変化がみられる．一方，消費者教育は多くの学問とかかわりをもち，また，企業，行政，大学での研究教育が行われている．したがって，消費者教育の概念や目的もそれぞれに対応した見解があると考えられるが，家政学においては消費者教育学の見解によっているといってよい．というのも，家政学会独自の消費者教育の業績というよりは，家庭科教育と多くは消費者教育学会に発表されているからである．これら3者を合わせて家政学関係の業績といえなくもないが，そうすると3者の関係を曖昧にしてしまう恐れがある．それでは，家政学や家庭科教育における独自の消費者教育の概念があるのかというと，家政学においては現在のところそのような見解はないに等しい．また，3者の業績の内容からみても，消費者教育の概念や目的が浸透していない点，そのため消費者教育とは関連が薄い論文も存在する点，つまりは原理的な研究が少ない点など共通した研究動向の問題点が報告されている．本節では，家政学と消費者教育とのかかわりに主眼があるので，家庭科教育には言及しないが，

先に指摘した棲み分けの問題は，本質的には消費者教育の概念の問題であろう．
　では，消費者教育の今後の動向とその概念についてどのような考え方がありうるのであろうか．例えば，これからの消費者教育について次のような提案がある．
　① プレモダン（前近代的）の消費者教育　　1960～1980年
　↓（生活環境適応の消費者教育論）
　② モダン（近代的）の消費者教育　　1981～1995年
　↓（生活環境醸成の消費者教育論）
　③ ポストモダン（後近代）の消費者教育論　　1995年以降
　　（環境教育との連接論：生活環境形成の消費者教育）
　①前近代的な消費者教育は，消費者教育学会成立前から成立数年後のいわゆる「買い物上手」教育を目標とした消費者教育の黎明期である．生活環境に適応するだけの「賢い消費者教育の育成」であり，社会的視点が欠けていた．黎明期は今井光映氏の環境醸成論の登場で終わりを告げ，②近代の消費者教育が始まった．近代的消費者教育は，市民としての消費者，全人的存在としての消費者であり，政治的・経済的にも参加し提案できる消費者教育である．そして，環境問題の出現による急激な時代の流れに対応するために，環境醸成論を発展的に踏襲する生活環境形成の消費者教育を必要とし，これが，これからの③後近代消費者教育であるとする．生活環境形成は，生活環境醸成よりも積極的な表現であり，環境教育との連接の中で，「持続可能な社会」の形成のための「持続可能な消費」をする消費者を育てる教育としている[7]．環境教育としての消費者教育の考え方は，これ以外にも市民教育としての消費者教育の議論を引き継ぐものとして示されている．例えば，すでに紹介したエコロジカルな消費者教育を「生態学的消費者教育」と命名し，「個人の消費生活が環境に及ぼす影響を配慮した健全なライフスタイルを実現できる人間の育成」を意味し，環境調和的文化創造に関与するとその概念を説明している[6]．これらの環境教育との関連を論じるとき，「環境」と「生活環境」の概念を明確にする必要があるが，家政学における「環境」および「生活環境」と同義語にとらえられるとすれば，消費者教育の理念と目的は家政学のそれと重なるといってもよいのではないだろうか．
　今井光映氏は初期の時代の消費者教育から家政学，特に家庭経営学と消費者教

育は意思決定を中核に置くものとして同じ概念でとらえられるとしている[1]．さらに，消費者教育の変遷をみるとき，今井氏以外の論者においても，消費者教育の概念が徐々に家政学に近づいてきたきらいがある．全人的存在としての人間教育やライフスタイルの実現はもともと家政学の目ざすところでもあり，生活環境の形成や環境と人との相互作用は家政学の成立当初からの概念である．

このように考えると，家政学と消費者教育の違いは，まさに「教育」にあり，つまり，家政学の教育が消費者教育という位置づけは，家政学とこれからの消費者教育にこそ納得できるものになるのかもしれない．むろん，消費者教育学からの反論もあろうが，あらためて，今後の家政学と消費者教育とのかかわりを「消費者教育は家政学の実践的担い手」として位置づけることを確認したい．そこで，これからの家政学の実践的担い手としての消費者教育の課題を，これからの社会の変化もふまえて最後にまとめることにする．

b． 社会の変化と消費者教育
1） 高度情報社会と生活の変化

これからの社会を考える際，高度情報社会と少子・高齢社会がキーワードであることはすでにいわれている．同時に，何が社会的な生活問題となるかもこの2つのキーワードから導かれる．ここでは，高度情報社会を取り上げるが，その実態や動向について詳細に述べることはしない．また，生活にどのような影響を及ぼすかについても残念ながら具体的な予測はつかない．しかし，現に生じつつある生活の変化の兆候をとらえながら，これからの消費者教育と家政学を考えてみたい．

インターネットに代表される高度情報化は，90年代に急速に進み普及してきたが，さらに，第2世代インターネットや第3世代インターネットの構想[*7]と研究が進められている．これらの構想が実現すれば，パソコンやワークステーションとの接続だけでなく，テレビ，携帯電話など家庭にある情報家電や，時計，手帳，ICカードなど身のまわりのあらゆる電子機器からインターネットに接続できるという予測が立てられている．例えば，家電とインターネットが結びついたときに，電子レンジに体調に合わせたメニューが表示され，そのレシピに沿って操作すれば料理ができあがる，外出先から冷蔵庫の在庫管理ができ不足なもの

を注文できる，などである．また，屋内外を問わず，身体の不自由な人や高齢者をガイドする機器や非常に簡単な操作ですべての情報関連サービスを検索・利用することもできる[8]．さらには，「触れる（タンジブル）ビット」という構想もある．ビット（デジタル世界）とアトム（物質世界）を結びつけるインターフェースの研究により，「現在，デジタルの世界と現実空間の間に引き裂かれて暮らすことを強いられている」[8]現象を解決しようとする構想である．具体的には，デジタルな情報に形を与え，個体に限らず液体や気体も含め，コンピューターが生まれる前から日常生活にあるものを媒体に，あらためて使い方を覚えなくても使い方を知っているものをコンピューター操作の媒介にしようというのである．「触れるビット」は多くの利用方法が考えられているが，科学実験のシミュレーションはもとより，情報の変化を聴覚や触覚など視覚以外の感覚器官で感じ取れ，例えば，「遠く離れたところにいて気になっている人や物の様子を，生活のバックグラウンドで感知することもできる」[8]．つまり，第1世代のインターネット，あるいは，情報化は，生活の便利さや快適さ，能率の面で貢献をしてきたが，今後は「便利さや単なる快適さを越えた，われわれの感覚と情報の結びつきの根本的な変容をもたらす」[8]かもしれないのである．

　このような高度情報社会のさらなる進展が構想されるとき，これまでの家政学や消費者教育の受けとめ方は，生活にどのような影響を及ぼすのか，どのような生活が待っているのかという，どちらかというと受け身的なとらえ方ではなかっただろうか．しかしながら，どのような生活になるのかという将来の予測をするよりは，「どのような生活をしたいのか」，「このような生活ができないか」の提案をすることの方が現実的ではなかろうか．先に紹介したような技術的な発達が何を可能にするのかという発想からは生活の変化を予測することはできないが，このような生活ができるように技術を開発してほしいという要求やその方向へ導く発想の方が現実的であると考える．まず，研究の発想を変えるということである．また，提案のためには，具体的に何が問題で，何が解決されればよいのかを洗い出す作業が必要になる．例えば，高齢者の介護の重労働の問題や高齢者の生活支援の可能性，少子社会の生産性を上げる問題など，技術的な開発で解決がはかれる問題はかなり多くあるのではないだろうか．もちろん，技術的な側面だけでは解決できない問題もある．最も大きな問題は，まさにどのような生活を理想

とするのか，どの価値を基本的な価値とするのか，いうなれば，人間にとって豊かさとは何か，幸せとは何かの哲学的な範疇に入る問題，生活の枠組みの問題であろう．つまり，便利で快適な生活を手に入れて，それからどうするかということである．生活の向上や生活の目的の理念は，社会が変わっても変化することはないはずであるが，その内容の設定は時代とともに検証していかなければならない．そういう意味では，高度情報社会とは何かよりも，高度情報社会にどうかかわるかの研究が生活研究として必要になるということではないだろうか．

　ところで，高度情報化が社会に及ぼす影響は，一般的に次のように説明されている．まず，第1に，ボーダーレスということである．高度情報社会を動かす情報システムは，これまでの社会システムと何が違うかといえば，境界のないというよりは様々な境界を乗り越えてしまう点にある．従来の社会には，「性，年齢，職業，地域，国家，民族といった多種，多様な境界が無数に存在して」おり，「しばしばこれらの境界は物理的，制度的な境界と一致している」[9]．このような境界を超越するということは，従来のさまざまなルールや規範，習慣を破ることであり，とりもなおさず，社会のあり方を考え直すということになる[9]．しかし，古い境界が消滅しても境界そのものがなくなるわけではなく，新たな境界が発生したり，境界の移動や組み替えが起こる．つまり，ボーダーレスというよりはボーダーの移動や組み替えが起こると考えた方がよい．その端的な例は，インターネットに関する認識であり，インターネットを使いこなす人とそうでない人の間に新たな境界が生じる[9]．第2に，双方向性と即時性（リアルタイム）ということである．上記のボーダーレスに加え，世界と個人が瞬時に，直接的に結びつくことができる．空間や時間，国家や経済の制約がなくなり，いわゆるグローバルな世界が拡がるということになる．また，組織と個人だけでなく，個人と個人が直接結びつくことにもなる．これらの点だけからも，従来の社会システムに存在した国や企業をはじめあらゆる組織において既存の権威による統制がなくなり，秩序の再編成を促すきざし[10]がみえはじめていることがわかる．物事の進め方，決め方，伝え方，つなげ方，発生の仕方が大きく変わる[11]．既存の社会関係や組織のあり方，秩序のつくられ方，つまり，社会の関係性や経済の仕組みが変わらざるをえないことが予測できよう．

　一方で，このような社会の変化が語られるとき，そのイメージとしては，情報

機器類から発想する何か機械的で人間的でない無機質なイメージや，人がパソコン相手に1日中家の中にいて外出もせず，他の人々とのコミュニケーションのない孤立した人間のイメージがつきまとってきたことは否めない．また，ボーダーレス，グローバルということはとりもなおさず，文化の画一性，生活の画一性という世界の均一化を促し，個性のない世の中をつくりだし，人間が情報を使うのでなく情報に支配されるイメージがもたれてきた感もある．人間が社会の中心にみえないのである．しかし，このような危惧について，例えば，インターネットは，「2つの互いに矛盾する方向性，つまり，世界を均一化する力を及ぼすとともに，逆に個人の力を増大させ，多様性を浮かび上がらせるパワーをもっている」[11]点や，「世界への扉は開かれてはいるが，そのうえで『おーい』といって伝わる範囲のコミュニケーションがより本質的であり，それが重なりあって大きくなるのだということ」[10]，「情報はひとりではいられない」存在であり，情報はひとりぼっちではなく，誰かとつながることが前提であり，つながらないと情報にはなりえないこと，したがって，情報のネットワークとは情報を通した関係性をつくっていくことであるとの指摘がある[10]．さらに，情報のネットワークには弱者の発想があり，相手に依存してしか存在しないということが自分の存在の基盤となる．そこでのコミュニケーションのスタイルは，これまでの強い層，知っている層により支配されてきた社会・経済の「知のあり方」から，弱い層（弱者），知らない層から知が構築されていく形の「知のあり方」や「知の組み替え」への変化が生じる．この「知らない力」が他とのつながりを必要とし，文化や経済のあり方を変えていくということになる[10]．このような視点からみると，高度情報社会，特に，今後のさらなる情報化社会においては，「多様性」，「近さ」，「関係性」，「コミュニケーション」，「弱さ」がキーワードであり，それは，機械対人間といった構図ではなく，実は人間の「多様性」，人間と人間の「近さ」，「関係性」，「コミュニケーション」，「弱さ」のあり方，とらえ方が本質的な問題であることを表しているように思える．つまり，人と人がどうかかわって社会や生活をつくっていくかである．人とモノとのかかわりに人と情報とのかかわりがつけ加わるということであろう．情報は固定的な動かないものではなく，人とのかかわりの中で動き内容が編集される[*8]．したがって，どのように編集するのかという編集の技術が問われるのであり，この情報の編集の技術が，ある意味で

は，今後の生活技術といえなくもない．単に情報の収集，分析，加工，発信という情報処理の技術だけではない，情報とのかかわり，すなわち，世界や経済や人とのかかわりの背景をもった編集技術ということになろう．もちろん，情報化の社会に及ぼす影響について，光の部分だけでなく闇の部分があることも見逃せない[10]．しかし，闇の部分が情報化により生じたのか，情報化以前の社会の闇の部分が引き継がれていったのか，その点を考慮しつつ検討する必要があろう．つまり，システムの問題なのか，人間や人間社会本来の問題なのかを区別したうえで対処しなければならないということである．

2） 高度情報社会の消費生活と消費者

では，高度情報化の消費生活および消費者への影響はどうであろうか．ここでは，3つの視点からの変化を指摘しておく．第1は消費環境の変化と対応，第2は消費者の変化の方向，第3は消費者による消費環境の形成についてである．

まず，第1の消費環境の変化であるが，電子商取引や電子マネーに代表されるように，これからの消費生活はサービスや商品の入手方法や購買方法が新しい形をとるということである．流通や金融の情報化の進展に伴い，すでに実験，あるいは実用段階に入っている．従来の商店や企業，貨幣の概念を変えていく必要があり，例えば，インターネット上の仮想商店街をウインドウショッピングし，電子マネーで決済をするという仮想空間[*9]で生活に必要な手段を得て，見えないお金で生活を管理するということになる．消費の場面だけでなく貯蓄の場面においても，つまり見えないお金の収支をネット上で管理することになる．したがって，このような消費環境の変化に応じた消費者としての意識改革や情報機器類の操作も含めた消費の知識，技能が必要とされている．すでに，海外とのインターネットによる取引から日本人のトラブルとして指摘されているのは，外国の言葉が理解できない，契約に対する認識の低さ，規制当局への過剰依存，プライバシーの理解不足などである[12]．これらの問題は，結局，消費者としての自己責任意識の欠如と情報管理の認識不足の問題であり，したがって，高度情報社会の消費者の能力として自己責任意識の確立と情報管理の認識の教育が要求されている．電子商取引や電子マネーについては，セキュリティーの問題が大きいが，解決するシステムが開発されつつある．このような消費環境の変化は，変化というよりは従来の通信販売や支払方法がより高度で便利になっただけかのように受け

取れないこともないが，この背景には市場と労働の根本的な変化があることを認識しておく必要がある．

　市場側からみると，24時間休みなく取引があり，場所の制約もなく，出店に伴う経費や店舗という物理的限界がないので品揃えも理論的には無限になる．また，生産者であるメーカーには情報が豊富であるのに消費者には情報がないといった「情報の偏在」も解決する．消費者は，必要な情報を必要なだけ入手できることになる[8]．これらの動向は，「経済学の教科書に出てくるような『純粋型としての市場』が史上初めて機能している」[8]ともいえるのであり，いわゆる「神の見えざる手」による市場が出現する可能性があるということである．つまり自由競争の市場が実現すればまさに消費者の能力が問われるということになる．また，労働の変化としては，いわゆる日本的経営と称された終身雇用，年功序列の崩壊，また，みなが同じ場所で同じ時間だけ働くという概念がなくなり，フレックスタイムやSOHO（Small Office, Home Office）が普及し，能力や成果による評価が働き方を変え，企業と雇用者の支配・従属関係も変わっていく[8]ことが予測される．したがって，消費環境の変化に対する対応には，消費の技術的な対応だけでなく，市場や働き方，ひいては生き方の変化に対応するライフスタイルの設計能力を対応の中核とする必要があろう．

　第2は消費者の変化の方向であるが，これまでみてきたようにボーダーレスでグローバル，かつ双方向性のネットは，世界中の個人と個人，個人と組織が対等に直接取引ができることを可能にする．物の売買や金融取引をはじめ，これまで媒介の機能を果たしてきた商店や銀行を経ないで直接取引や決済ができるのである．ということは，ネット上において，人は消費者であると同時に生産者である存在になれるということである．実際にサービスや商品を提供することも可能であるし，情報の受信者であり発信者であるということ自体，言い換えれば，被害者になると同様加害者になる可能性があることになる．トフラー（A. Toffler）が『第三の波』で予想したプロシューマー（prosumer）のような生産者と消費者が融合した存在が出現することになる．つまりは，消費者と生産者の区別は意味がないことになり，まさに，生活者として統合が可能になるかもしれない．消費だけにとどまらない生活のありようと消費者の側面だけでない生活者の概念を再検討する時期が到来しているのである．果たして，消費者という表現，そして

消費者教育という表現は，適切なのであろうか．生活や消費にかかわる仕組みが変化する中で生活，生活者，消費，消費者の概念をあらためて定義することになろう．

また，ネット上において，性や年齢など属性にかかわらず誰もが対等であると同様，子どもでも高齢者でも，男性でも女性でも，消費者として，生活者として，誰もが一人前に扱われる．したがって，基本的な生活技術として，消費者教育，あるいは生活教育を位置づける必要がある．これは，機器類の操作や情報関連の基礎知識だけでなく，情報量と取引の即時性が増すにつれ，ネット上の取引の特徴や自己責任など，消費者，生活者としての意思決定をはじめ価値教育の重要性がさらに増加すると考えられる．

第3は消費者による消費環境の形成についてであるが，消費者自身が消費環境（あるいは生活環境といってもよいかもしれないが）を形成する具体的な動きが出ている．例えば，ワーカーズコレクティブ[13]や地域通貨の運営にみられる．ここでは，地域通貨を例にこれからの消費者による消費環境形成の可能性について考えてみた．これまでも生協活動のように消費者のための消費環境をつくる動きがあったが，地域通貨の試みは経済システム自体の変革をもたらすものであり，消費者と生産者を分離させてきた根本的な問題とかかわるものである．

地域通貨とは，その名称のとおりある限られた地域だけで通用する貨幣である．代表的なものとして LETS（Local Exchange Trading System，地域経済信託制度）が知られている．LETS は地域通貨を用いて財やサービスを交換するシステムである．会員を組織し，会員の誰がどのような財，サービスを提供するかのリストと取引の記録とが定期的に公表される．その運用の方法は，www や電子マネーの利用など情報化の進展とともにより高度に効率よく発達してきている．収支（バランス）は組織全体で常にゼロになるように合計され，マイナスでも返却の必要はないがプラスでも利子はつかない．お金という概念でなく信用や約束が交換されることになるので，たくさん使った人は信用が失われるが組織や他の会員にとっては問題はない．一方，信用を貯めすぎる人は他の会員の稼ぐ機会を減少させることになる[14]．LETS は，1980年代にカナダやイギリスから始まり，1900年代に飛躍的に発展し，すでに欧米などで1,600以上の地域で発行されている．LETS で取引される財やサービスは，ベビーシッターや大工仕

事，洗車，買い物の手伝い，手芸や料理を教えることなど，これまで貨幣経済において評価されなかった，あるいは交換価値をもたなかったものも含まれる点に特徴がある．したがって，単なる物々交換でなく，相手との交流や自分が役に立つという心理的な充足感が地域通貨には付加される．もともと地元でお金を使い地元の経済を潤すという地域の経済的な活性化を主目的に失業対策と住民の自己実現の意味合いも濃い．もちろん，LETSだけでは充足できない公共財やサービスは国民通貨が必要になるが，その支払いには例えば地域通貨で50％，国民通貨で50％というように，地域通貨と国民通貨を合わせて使用することができ，地域通貨と国民通貨が並列して共存する並列通貨（パラレル・カレンシー）が実施されている[15]．このように，LETSは，経済だけでなくコミュニティーの発展の媒体としても重要な役割をもつことから，経済とコミュニティーの発展を融合する新しい街づくりのシステムとして評価され，研究が進められている[16]．

　要するに，地域通貨とは，生活の視点から多様な価値を評価する利子がつかないお金であり，物々交換の自主共同体をつくるシステムであると考えられる．日本においては，「エコマネー」という地域通貨の構想が提起され，試行されつつある．「エコマネー」とは，環境，介護，福祉，コミュニティー，文化などに関する多様でソフトな情報を媒介する21世紀のマネーとされ，21世紀は多様な人材が活躍して，多様な価値や知識を生み出す時代であるため，多様性にもとづく富の創造なくしては，地球環境問題や少子高齢化社会への対応がうまく行えない[17]との理解から，人間の多様性をそのままの形で媒介するお金を提起している．現在の貨幣は，「ビジネスなどお金に換算できるほんの一部の情報を対象として，しかも価格という画一的な指標に置き換えて媒介している冷たいお金」であるのに対し，「エコマネー」は価格情報だけでなく相手に対する思いやりやコミュニティーの価値，個人の能力など貨幣に置き換えられてこなかった多様な情報や価値を媒介し住民間の信頼を醸成する温かいお金である[17]．「エコマネー」で取引されるものの例としては，地域の市民ボランティアが提供する環境浄化サービス，介護サービス，文化促進サービス，地域の住民が日常で使う食料品，衣料品，理髪，クリーニングなどのサービス，などがある．「エコマネー」での値づけは，取引をする当事者が行い，したがって，一物多価の値づけとなる．これにより，真の意味でのお金を使う自由が確保される．また，「エコマネー」は，

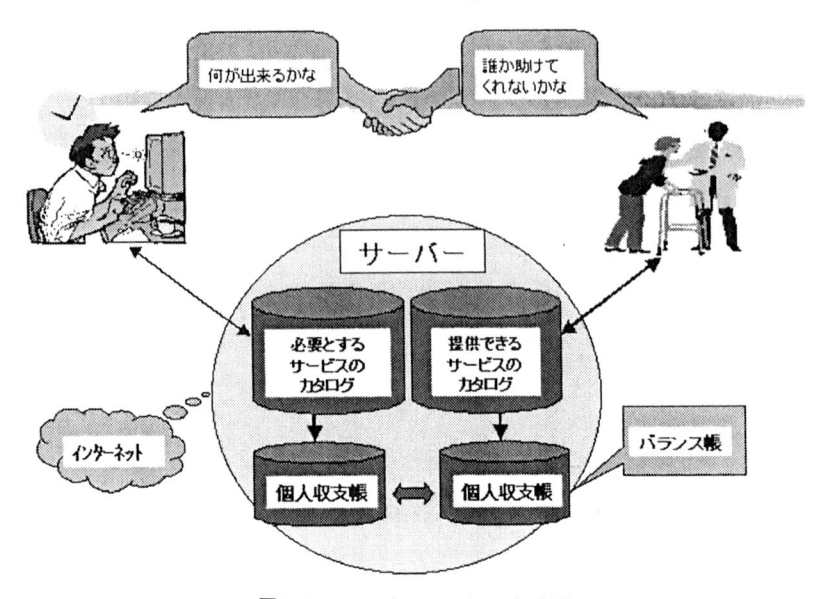

図6.1 エコマネーシステムの概念図
エコマネー・ネットワークホームページより　http://www.ecomoney.net/ecoHP/

　貨幣がもつところの金融仲介機能と決済機能の2つの機能のうち，決済機能のみを有し，しかも，常に財やサービスや情報と対応させて使うのでインフレやバブルが起こる心配はない．ちなみに，「エコマネー」は，あくまでも互酬の行為を対象にしたもので市場での交換を代替するようなものではないという点でLETSとは異なる．貨幣に換算できる情報や価値を地域のみで流通する通貨に置き換えて媒介するというLETSの発想の制約をはるかに超越し，貨幣に換算できない「非貨幣部門にもまたがる新しい貨幣の世界を『生活者主権』という観点から構築し，エコマネーと国民通貨の2種類の貨幣を使い分けながら最適の生活」を実現することができるとする[17]．

　貨幣とはもともと多くの情報を媒介し*10，生活のために有効に使われることが本来の機能であった．しかし，資本主義経済の発展とともに利潤追求の対象として，貨幣自体が商品化されることによって，貨幣を集める側（生産者）と使う側（消費者）が分離されていった．また，すべての価値が貨幣と交換できるかできないかで決定されることが，貨幣経済における画一的な価値を生み出し，財や

サービス，そして人間の評価の多様性をなくしていったのではないか．したがって，究極的には，現在の貨幣経済のシステム自体を変えない限り消費者と生産者は対置したままである．消費者が消費者による消費環境，あるいは生活者が生活者による生活環境を形成するには経済システム自体の変革が必要であり，地域通貨は，貨幣が貨幣本来の生活のための機能をとりもどすことを実験しはじめた例といえよう．従来の貨幣経済を「規模の経済」とすれば，LETSや「エコマネー」による経済システムは「関係の経済」[10]あるいは「ボランタリー経済」[*11]などと呼ばれる．地域住民のもつ特技や能力を評価し，交換するというボランティアサービスを中核とした地域通貨による経済は，住民を地域に再びかかわらせ，信頼で結び，新しいコミュニティーの関係性をつくっていく．

日本において「エコマネー」の実験は始まったばかりであり，どのように展開するかはまだ予測はできない[*12]．儲かる経済でなく，消費者あるいは生活者が生活のための経済をどのくらい希求するかにかかっているのではないだろうか．新しいコミュニティーづくりもさることながら，地域通貨の実験を通して，これからのわれわれがお金という概念をこれまでの貨幣経済のイメージと機能から解き放ち，生活の媒体として，生活の価値を実現する実体のあるものとしてとらえられるかに興味がある．したがって，消費者による消費環境の形成について，経済システムをも含めた消費環境を設計できる消費者の発想と，何よりも生活の豊かさをどのように考えるかの指針とその教育のための研究が今後必要とされよう．

c. 家政学におけるこれからの消費者教育の課題
1) これからの消費者教育の考え方―短期的展望―

高度情報社会の消費生活で概観したように，これからの消費生活の変化を考えるとき，情報化に対応した消費者教育は第一の課題である．これまでに，情報化への対応が必要であるとの指摘はあるものの，いかに対応すべきかの研究はまだ公表されていない[*13]．情報化時代の消費者教育の実践的な研究，例えば，ハイパー指導案（ハイパーテキスト化した指導案をインターネット上で公開している）の試みや，インターネットを使った授業方法の提案もなされてきているが，今のところ，情報教育と消費者教育が混在したものや，単にビデオや印刷資料の代替手段としてインターネットで検索をする指導案にとどまっているように思え

る．授業，あるいは，教育の情報化にとどまらず，つまり，消費者教育の情報化以前に，情報化時代の消費者教育を検討する必要があろう．具体的にいえば，情報化時代の消費者技能とは何かということである．すでに，高度情報社会の消費者の能力として自己責任意識の確立と情報管理の認識の教育が要求されていることは述べた．電子商取引に代表されるグローバルかつ即時性のある取引に対応するには，契約に関する自己責任，主体性をもった意思決定とともにその結果問題が起きたときの問題解決能力が要求されている[12]．また，情報収集能力や活用力，プライバシーやセキュリティーの認識をもった情報管理の能力は，情報教育の土台の上に消費者としての権利や義務にかかわる情報管理の内容を検討することになろう．また，買い手と同時に売り手になる可能性もあることから，売り手としての教育の内容も必要になるかもしれない．結局，情報化時代の自立した消費者の具体的な内容を明確にすることから始まることになる．

　では，情報化時代の自立した消費者とは何か．消費者教育が目ざす消費者像は，市民教育，環境教育を含めた全人的存在としての人間であり，消費者教育の目的は自己実現のためのライフスタイルの形成と生活環境の醸成であることに変わりはない．しかし，自己実現のとらえ方や生活環境醸成の方法論に大きな展開があるように思える．これまでみてきたように，高度情報社会では，「多様性」，「近さ」，「関係性」，「コミュニケーション」，「弱さ」がキーワードであった．個々人の多様性とともに，近さ，関係性，コミュニケーションで表現される，いわば情報および情報機器を介した人と人との「ネットワーク」が中心となる社会であると予想されている．また，「エコマネー」の例にあるように，所有でなく自発的な交換による経済システムの構想がある．このような社会でライフスタイルを形成するには，いかに自分の要求を満たしてくれる情報やサービスをもつ人物を探し当てるか，そして，相手が満足するものを自分が提供できるかが生活の豊かさにつながるのではないか．ここでいう豊かさとは，富の蓄積や社会的な名誉につながらなくても，自分の知りたいことを知る「知の蓄積」であり，誰かの役に立つことで自分の評価が与えられる充実感であり，これこそが自己実現の姿ではないのだろうか．表現をかえれば，情報を通していかに質のよい関係性を人や社会とつくっていくかが豊かな生活を実現するための生活技術であり，消費者技能であるといえよう．そして，このような関係性あるいはボランタリーなシス

テムを維持できる能力と実践力の育成が生活環境醸成の能力として新たに加わることになる．政策への提言や協力にとどまらず，自分たちの欲する環境を構想し，直接運営していく実践力をもった消費者の教育である．また，この社会では自立した消費者とは強い消費者というだけでなく弱い消費者の面もあわせもつ．弱いからこそネットワークをつくっていく必要性が出てくるということであり，この点についても消費者教育のとらえ方を検討する必要があろう．このように考えていくと，消費者教育はまさに生活者の教育と言い換えてもおかしくはない．

2) これからの消費者教育研究の課題―長期的展望―

　最後に，家政学と消費者教育とのかかわりに話をもどし，家政学の教育実践の担い手としての消費者教育に対し，家政学にどのような研究が必要か，そして，消費者教育を通して家政学がどのような社会的貢献ができるかを考えてみたい．これまでみてきたように，家政学と消費者教育の理念や目的はほとんど重なっている．したがって，消費者教育というよりは，家政学にとっては生活者教育という名称の方が適当かとも思える．現在の家政学の体系でいえば，「家政教育」の研究領域を拡げることも一案であろう．そのように考えると，家庭科教育や消費者教育学と密接なかかわりをもつとはいえ，家政学としての消費者教育，あるいは生活者教育の研究がもっとあってもよいのではないか．家庭科教育や消費者教育学と棲み分けるのではなく，家政学の教育実践の担い手という視点からの研究である．現場での実際的な教育内容や方法は，教育学の理論が不可欠であろうが，生涯教育としての赤ちゃんから高齢者までの消費者教育をどこでどのように行うかの提案，そしてそのための研究が家政学に必要であろう．

　実践的というのは，現場での実際の教育を担当するだけでなく，政策への提言や立案にかかわることももちろんであるが，もうひとつ，家政学の研究から得られた知見を具体的なプログラムに降ろしていく過程が重要であり，つまり，理論から実践への橋渡しの部分である．この橋渡しの研究が，これまでに行われてこなかったのではないか．家政学の個々の領域の研究成果を教育の場面にどう生かすことができるか，それはばらばらに知識を抜き出すものではなく，家政学の本質理念を生活技術としてどう設定し，具現化するかということではないかと考える．これが可能になったときに，家政学の理念に立った社会への様々な分野への貢献が実践的に可能になるのではないだろうか．生活技術には，手先の技術だけ

でなく，知識や生活設計の能力やコミュニケーションの技術も含まれるし，情報処理の技術も含まれるであろう．しかし，技術だけが理論的背景もなく一人歩きするのではなく，なぜ，どのように，どの程度まで必要で，それを習得する方法と，習得すればどのように生活が向上するかの理論的根拠を家政学が提示することになる．つまり，理論を目に見える形で提示し，家庭でも学校でも行政でも企業でも社会のあらゆる場面でそれが利用でき，また，利用をサポートすることで理論と実践を媒介する人材を家政学が提供できればと考える．あくまでも家政学のばら売りではなく，家政学の総合性が反映されている構想でなくてはならないが．

　そして，もちろん家政学がどのような方向性を目ざすのか，人間，生活，豊かさの本質を押さえ，あるいは問い直しつつ，時代の変化に応じた生活者，生活，豊かさのありようを家政学のすべての領域に，また，社会に提示していくのは家政学原論の役割にほかならない．

〔中森千佳子〕

注

[*1] 日本消費者教育学会：日本消費者教育学会創立10周年記念特別研究，消費者教育10のQ＆A（消費者教育の基本理念）1991年12月，消費者教育，**12**，pp. 271-295, 1992. 学会創立10周年記念として，アメリカの大統領消費者利益特別委員会（PCCI）が1968年にまとめたConsumer Education―What It Is？… and What It Is Not？…の日本版作成に取り組んだ成果である．

[*2] 消費者教育について端的に次のようにまとめられている．「消費者教育の基本は『生活を大切にする』という哲学である．消費者教育は全体的存在である人間としての消費者が生命・健康という生活の基本的な価値を守り，自己実現していくためのものであるが，生活の価値を守るとは，生活を大切にするということにほかならない」．今井光映：消費者教育の課題と展望，消費者教育，**1**，p. 22, 1983

[*3] 消費者の定義の変遷については中原秀樹氏の論文がある．消費者とは環境を破壊するものとしての位置づけからの発想は，興味深い視点であり，これからの消費者教育に必要な視点であろう．中原秀樹：消費者教育の体系への試案―アメリカ・イギリス・ドイツとの比較の中から―，消費者教育，**15**，pp. 13-24, 1995

[*4] 日本家政学文献集に「消費者教育」という項目が設定されたのは第3集（1969～1978年），1979年発刊からである．家庭経済領域Ⅴ．消費者問題6項目の4番目に設定されている．また，学会活動としては，部会組織に「ヒーブ研究部会」（1973年にヒーブ研究委員会として発足）があり，常置委員会に「消費者問題委員会」（1981年ヒーブ問題特別委員会発足，1985～1993年まで常置委員会として設置）があった．消費者問題委員会では，広範囲

な消費者問題に関して総合的に研究を進めてきた成果として消費者問題資料シリーズ「家政学と消費者問題」を8号発行している（日本家政学会50周年記念特集号，家政誌，**49** (5), 1998 参照）．このような状況から家政学会としては，消費者教育というより消費者問題への対応として研究に取り組んできた経緯がうかがえる．しかし，本節ではあえて消費者教育をキーワードとし，消費者問題，消費者運動は扱わなかった．

[*5] 矢野伊津子：アメリカの消費者教育関連機関65ガイド一家計管理教育と環境教育，たいせい，1995 参照．アメリカの消費者教育関連機関を対象に消費者教育の実態と環境教育について調査した報告書である．アメリカにおいても，州による消費者教育の重視度，実施度の違い，学校教育におけるカリキュラムや教師の能力の不足，消費者意思決定論に基礎を置く消費者教育理論と知識教育さえ十分でない教育現場との大きなギャップなどの問題が報告されている．

[*6] 家庭科教育と消費者教育については，1970 年代に消費者教育をコアとする家庭科の再編成の構想が松島千代野氏により提案されている．松島氏による日本の家政学および家庭科教育への消費者教育の先駆的な研究は，松島千代野：家庭科教育と消費者教育（消費者教育研究シリーズ②），消費者教育支援センター，1999 にまとめられている．

[*7] 次世代インターネットプロジェクトには，アメリカのクリントン政権による「NGI (Next Generation Internet, 次世代インターネット計画)」やアメリカの主要大学が連合して推進する「インターネット2」，日本では郵政省による JGN (Japan Gigabit Network, ギガビット・ネットワーク) がある．第3世代インターネットは個々の要素技術の研究が始まったところであり，学術振興会の未来開拓学術研究推進事業の中のプロジェクト設立や，郵政省では「スーパーインターネット」という構想が検討されている．

[*8] 金子郁容・松岡正剛・下河辺淳：相互編集する世界，ボランタリー経済の誕生，第6章，実業之日本社，1998 によれば，「情報が社会にもたらしてきた重要度はいまにはじまったことではなく，古代の語り部，中世の図書館，近代の新聞はいずれも今日のマルチメディアのすぐれた先駆形態であった．このような情報のメディア化を情報編集という言葉で表すが，情報編集の動向がどのように社会に影響を与えてきたかということは，全歴史を貫く最も重要な社会的主題である．いわば，情報は人間のいっさいのコミュニケーション活動の根本的な因子であり，情報に何らかの形ではたらきかけることを編集とよぶ (p. 20)」，「情報はそこにあるというだけでは何もおこさない．情報とは，編集されるべきものである．編集とは『方法』そのものであり，その方法は『関係を発見しつづける』ということなのである (p. 366)」．この「編集という方法」，すなわち編集技術が，思想や産業や新しいメディアの革新的な表示の方法，組み合わせの方法を提起し，その時代の社会技術の指導的役割を果たしてきた．

[*9] ヴァーチャルの日本語に「仮想」をあてるため，「架空」という解釈で，ありもしない絵空事を現実と錯覚させるものだと思われがちだが，もともとヴァーチャルとは「表面上，名目上はそうではないが事実上，実質上の」という意味がある．また，機器類の操作を介するものであっても，操作者の身体の動きに対応するコンピューター・グラフィクスが発し，感覚器官から入力，脳で処理されたものは，脳にとってまぎれもなく現実なのである，という

考え方もある．北村美遵：情報と脳と欲望—マルチメディア社会の虚実を読む，pp. 15-16，中央公論社，1995
*10 古代の貨幣は，交換手段というよりは共同体における互酬や再配分の贈与交換を円滑にする存在であり，これらの行為のための人間どうしの親密なコミュニケーションを成立させる一種の象徴として機能していたとする考え方がある．貨幣は，単に物々交換を便利にするためにのみ発生したというよりは，むしろ，「関係の媒体」として発生したというべきである．西垣　通：電子マネーは「究極の貨幣」か（西垣　通・NTTデータシステム科学研究所編『電子貨幣論』），第6章，pp. 184-187，NTT出版，1999．金子郁容・松岡正剛・下河辺淳：生命と歴史からの展望，ボランタリー経済の誕生，第4章，pp. 198-215，実業之日本社，1998
*11 金子郁容・松岡正剛・下河辺淳：相互編集する世界，ボランタリー経済の誕生，第6章，実業之日本社，1998．「ボランタリー経済（voluntary economy）は自発する経済という意味で使われる．新たな経済文化（economy-culture）の動向であり，経済と文化が切り離されるのではなく多様なつながりをつくっていくしくみである．環境問題，介護問題，教育問題などを抱えた社会の運営は，経済計画だけでなく文化とのつながりを必要とする．つながりは自発的であり，何らかの「財」（金銭，物財，情報，知恵，エネルギー，時間）がもちよられ，共有され，編集されていく．その編集のプロセスが新しい情報と価値を生み出していく（pp. 33-35）」．
*12 日本での地域通貨の実践例は，北海道栗山町の"クリン"，滋賀県草津市の"おうみ"など多数あるが，エコマネーの理念を基本に地域通貨導入の目的や地域によってそれぞれの特徴を反映したシステムが展開されている．
*13 消費者教育支援センターが，情報化時代の消費者教育について取り組みを始め，ハイパー指導案などを提供している．

文　献

6.1　国際的視野から

1) 栗本一男：国際化時代と日本人（NHKブックス），日本放送出版協会，1985
2) 日本家政学会：家政学将来構想1984，光生館，1984
3) 常見育男：家政学成立史，光生館，1971
4) 日本女子大学女子教育研究所：今後の女子教育—成瀬仁蔵女子大学論選集，1984
5) 実践女子学園：実践女子学園八十年史，1980
6) 林　太郎：新制女子大学と家政学部の創立事情，東京家政学院大学紀要，No. 10，1970
7) 松島千代野：国際家政学会議資料集，共立女子大学家政学部家政学研究所，1981
8) 国際家政学会（IFHE）
9) 日本家政学会国際交流委員会：家政学における国際交流10年の歩み，1991
10) 日本家政学会：アジア地区家政学セミナー報告書，1983

6.2 日本学術会議での活動

1) 林　雅子：家政誌, **36** (1), 1985
2) 林　雅子：家政誌, **49** (5), 1998
3) 林　雅子・石毛フミ子・松島千代野：新家政学（有斐閣双書），有斐閣, 1986

6.3 家政学と消費者教育

1) 今井光映：家政学と家庭経営学と消費者教育（家庭経営と消費者教育），消費者教育, **6**, pp. 1-44, 1987
2) 日本消費者教育学会：日本消費者教育学会創立10周年記念特別研究，消費者教育10のQ&A（消費者教育の基本理念）1991年12月，消費者教育, **12**, pp. 271-295, 1992
3) 今井光映・中原秀樹編：消費者教育論，有斐閣, 1994
4) 今井光映・寺田恭子：Journal of Home Economicsにみられる消費者問題―消費者教育関係の記事集（1909～1990），消費者教育, **14**, pp. 247-330, 1994
5) 近藤　恵：家庭科教育における消費者教育研究の動向―学会誌分析を中心として―，日本家庭科教育学会誌, **38** (1), pp. 79-83, 1995
6) 今村祥子・住田和子：環境教育としての消費者教育に関する諸考察（第1報）―「消費者教育」概念と史的背景―，日本家庭科教育学会誌, **36** (2), pp. 73-80, 1993
7) 今村光章：消費者教育のポストモダンの幕開け―"近代的"消費者教育の終焉，仁愛女子短期大学研究紀要, No. 30, pp. 35-44, 1998
8) 特集次世代インターネットが拓く世界，季刊インターネットコミュニケーション No. 30 Autumn, **8** (4), NTT出版, 1999
9) 西垣　通・NTTデータシステム科学研究所編：電子貨幣論，NTT出版, 1999
10) 松岡正剛・金子郁容・吉村　伸：インターネットストラテジー―遊牧する経済圏―，ダイヤモンド社, 1995
11) 金子郁容・松岡正剛・下河辺淳：ボランタリー経済の誕生，実業之日本社, 1998
12) 消費生活アドバイザー「虹の会」電子商取引研究会：暮らしの中の電子商取引―電子商取引を通じた消費者利益拡大と保護―, 1997, http://www.bremen.or.jp/kitamoto/9710
13) 飯塚和子：女性たちの「新しい働き方」―ワーカーズコレクティブの働き方の変化と行方，生活経営学研究, No. 33, pp. 47-53, 1998
14) LETSホームページ（http://www.oneworld.org/letslinklondon/）より．また，代表的な地域通貨にニューヨーク州イサカのイサカアワーズ（http://www.lightlink.com/hours/ithacahours/）がある．
15) 金岡良太郎：エコバンク，北斗出版, 1996
16) Colin C. Williams : Local Purchasing Schemes and Rural Development : An Evaluation of Local Exchange and Trading Systems (LETS), *Journal of Rural Studies*, **12** (3), pp. 231-244, 1996
17) 加藤敏春：エコマネー―ビッグバンから人間に優しい世界へ―，日本経済評論社, 1998

索　引

あ　行

IFHE　140
IFHE 活動　142
『IFHE Bulletin』　142
アジア地区家政学会　106, 143
アビトゥア　85
アメリカの家政学　97
　　――の本質理念と方法　102
アメリカ家政学会　102

家　127
一次的知識　2
井上秀子　137
入れ子(籠)構造　4

ARAHE　143
ARAHE 創立総会　145
エコトロフォロギー　85, 86
エコマネー　167
エコロジー　98
エコロジー運動　101
LETS　166
エンバーグ, L. E.　96

応用科学　6
大江スミ　137
大阪市立生活科学研究所　48

か　行

外的条件　72

概論　64
科学　2
科学革命　7
科学的知識　2
科学的認識　67
学術会議の構成　146
学術雑誌　72
学制　37
学制頒布　37
学問　1
学問的性格　65, 71
『家事要法』　43
家事労働の外部化　118
家政　127, 128
『家政学』　45
家政学研究連絡委員会　146
家政学原論　60, 64, 65
家政学原論部会　73
『家政学将来構想 1984』　77, 127, 139
家政学の研究対象の変遷　127
家政学の国際化　137
家政学の定義　23, 66
家政学部　72
家政力　17
家族　127
片山淳之助　43
価値の教育　97, 105
学校令　42
家庭　113, 127
　　――の機能　114
家庭科学　101

家庭科学研究所　29, 51
『家庭科教育』　75
家庭機能の変化　124
家庭生活　127
　　──の構造　116
　　──の個別化　123
家庭電化　117
『家道訓』　36
カトリック系女学校　38
仮面仮説　11
空の巣期　122
カロザース，C.　38
環境　103
環境科学　100, 101
環境管理の科学　103
環境教育　159
環境生活教育　97

技術知識　3
キッダー　38
ギムナジウム　85
教育令　41

草の根民主主義　96
くつがえしの科学　100
グルントヴィ，N. F. S.　93
クーン，T. S.　6

原論　64

合計特殊出生率　120
高等女学校規程　39
高度情報社会　160
公民科　92
国際家政学会　62, 73, 106, 140
国際的視野　136
孤食　123

さ 行

裁縫教育(実技)　36
三分岐型教育制度　85

シェフィールド評議員会　143
ジェンダー　95
自然と人間共生型のパラダイム(価値)　105
実科学校　85, 89
実践　171
実践科学　6, 66, 69
実践学　111
実践的総合科学　66, 68
師範学校　38
下田歌子　45, 138
『Journal of ARAHE』　143
住居様式の近代化　119
手芸　41
手芸学校　40
ジュニアカレッジ　58
主要学校　85
純粋科学　5
小学校教則綱領　41
消費環境の変化　164
消費者教育　148
　　──の本質　150
　　──の理念　151
消費者教育研究　152
消費者の概念　151
消費者問題が発生した時代　99
情報　163
諸教科統合学習　89
職業準備教育　110
『女訓書』　35
女子教育のあり方　138
女子専門学校　54
女性の雇用労働化　122
シラバスの変遷　108

シンガポールの家庭科教育　107
人類の福祉　68

スウェーデンの家政学　92
スコッディール会議　105
スタベック・カレッジ　91
ストウ，H. B.　43, 137

生活　130
　——の位相的発達段階説　131
　——の向上　68, 107
生活科学　79
生活環境　133
　——の改善　10
生活環境教育　105
生活環境醸成　171
生活環境醸成能力　151
生活技術　163, 166, 170, 171
生活システム　116
　——の原理　103
生活者　132
生活スキル　110
生活創造　106
生活物資　117
生活文化　134
生活保衛力　17
生活様式の変化　117
性的役割分担思想　84
性別役割分業　122
『西洋衣食住』　43
世界大会　140
専門母体　6

総合科学　61, 66, 67, 69
ソロー，H. D.　99

た 行

対抗科学　101

タイの家庭科教育　109
対象学　5
大正デモクラシー　47
第二次世界大戦　52
第6部の農学系　146
ターキ，K.　96
短期大学制度　59
男女共同参画型の家庭　123
男女共同参画社会　90
男女平等　95
男女平等教育　91
団らん　113

地域通貨　166
地球環境保全　125
知識の置換　7
中国人留学生の受け入れ　138
超高齢化社会　125

通常科学　6

デザインおよびテクノロジー　109
哲学的思考　69, 71
寺子屋　36
デンマークの家政学　93

ドイツ家政学会　86
ドイツの家政学　83
ドイツの教育制度　84
ドメスティック・サイエンス　109, 101
トンプソン，J. T.　96
トンプソン，B.　98

な 行

内的条件　72
成瀬仁蔵　137

二元制職業学校　85

二次的知識　2
日本学術会議　28, 146
日本家政学会　27, 72, 81
日本生活科学会　56
人間　103
人間守護　20, 77, 81
人間と環境との一体性　104

撚糸モデル　16
年齢階級別労働力率　122

ノルウェーの家政学　90

は 行

ハイパー指導案　169
バディア, D.　96
パラダイム　6
汎愛学者　83
藩校　38

ビーチャー, C.　43, 137
批判科学　101
ヒューマン・エコロジー　100
ヒューマン・エコロジー学部　104

philosophy　65, 70
フィンランドの家政学　91
フォルケホイスコーレ　93
福沢諭吉　43
武家道　36
ブラウン, M. B.　96
プログラム委員会　142
プロシューマー　165
プロテスタント系女学校　38

ヘッケル, E. H.　99

方法学　5
ホーム・エコノミックス　97, 98, 102, 109
　――の定義　103, 104
　――の本質理念　104
ホームズ博士　139
ホリスティック・アプローチ　96
ホリスティック　99

ま 行

マリノフスキー, B.　7, 13
満州事変　52

ミッション系女学校　39

目的の多段階構造　20

や 行

優境学　103～105
優生学　100, 103
豊かな生活　170

撚りの力　16

ら 行

ライフサイクル　120
ライフスタイルの多様化　124

理科家事　49
リサーチ委員会　142
リチャーズ, E. H.　97, 99
リッペルト, E.　87
リヒャルツ, I.　87～89
良妻賢母主義　40

レイク・プラシッド会議　62, 102
レッビト夫人　45

家政学原論
—生活総合科学へのアプローチ—

| 2001年9月15日 | 初版第1刷 |
| 2022年3月25日 | 第12刷 |

編者　富田　守
　　　松岡　明子

発行者　朝倉　誠造

発行所　株式会社　朝倉書店
東京都新宿区新小川町 6-29
郵便番号 162-8707
電　話 03(3260)0141
FAX 03(3260)0180
https://www.asakura.co.jp

定価はカバーに表示

〈検印省略〉

© 2001 〈無断複写・転載を禁ず〉

シナノ・渡辺製本

ISBN 978-4-254-60016-2　C 3077　　　Printed in Japan

JCOPY 〈出版者著作権管理機構 委託出版物〉

本書の無断複写は著作権法上での例外を除き禁じられています．複写される場合は，そのつど事前に，出版者著作権管理機構（電話 03-5244-5088, FAX 03-5244-5089, e-mail: info@jcopy.or.jp）の許諾を得てください．

好評の事典・辞典・ハンドブック

感染症の事典	国立感染症研究所学友会 編　B5判 336頁
呼吸の事典	有田秀穂 編　A5判 744頁
咀嚼の事典	井出吉信 編　B5判 368頁
口と歯の事典	高戸 毅ほか 編　B5判 436頁
皮膚の事典	溝口昌子ほか 編　B5判 388頁
からだと水の事典	佐々木成ほか 編　B5判 372頁
からだと酸素の事典	酸素ダイナミクス研究会 編　B5判 596頁
炎症・再生医学事典	松島綱治ほか 編　B5判 584頁
からだと温度の事典	彼末一之 監修　B5判 640頁
からだと光の事典	太陽紫外線防御研究委員会 編　B5判 432頁
からだの年齢事典	鈴木隆雄ほか 編　B5判 528頁
看護・介護・福祉の百科事典	糸川嘉則 編　A5判 676頁
リハビリテーション医療事典	三上真弘ほか 編　B5判 336頁
食品工学ハンドブック	日本食品工学会 編　B5判 768頁
機能性食品の事典	荒井綜一ほか 編　B5判 480頁
食品安全の事典	日本食品衛生学会 編　B5判 660頁
食品技術総合事典	食品総合研究所 編　B5判 616頁
日本の伝統食品事典	日本伝統食品研究会 編　A5判 648頁
ミルクの事典	上野川修一ほか 編　B5判 580頁
新版 家政学事典	日本家政学会 編　B5判 984頁
育児の事典	平山宗宏ほか 編　A5判 528頁

価格・概要等は小社ホームページをご覧ください．